U0093688

文捷的文字一向清雅淡然，長時間旅行中留下的吉光片羽，在無法旅行的時候讀來，成了一把珍貴的鑰匙，開啟了我已經久未想起的旅行記憶。

——「背包客棧」創辦人 小眼睛先生

目錄

目錄

Chapter 01

天燈之下，水燈之上的愛情

1-1 阿尼的天燈邀約

認識阿尼的那天，剛好是泰國一年一度的天燈節。那天早上受到前一天認識的西班牙暢銷作家巴布羅的激勵，我一早就起床化妝，到清邁的巷弄練習拍網美照。

「一開始面對鏡頭會覺得很尷尬，但久了，妳就習慣了。」巴布羅說。我們相識於一間清邁小吃店，那時店內所有的桌子都有人，我挑了一張靠門的桌子問是否可以坐下，就那樣認識了已經可以靠寫作支撐生計的巴布羅。

「一開始我花很多時間窩在圖書館寫作，現在大部分的時間我都花在社交媒體上跟粉絲互動。」巴布羅說，「網路上賣書比任何實

天燈節與水燈節期間，清邁四處都掛滿了彩色的燈籠

體銷售通路都快。」

用一頓午餐的時間，我們分析了一個作家的生存之道。我歸納出自己之所以沒辦法像巴布羅一樣有好幾萬粉絲，主要原因可能如下：一是沒有寫心靈勵志題材，二是沒有好好行銷自己，三是他喜歡鏡頭我則相反。簡單來說，巴布羅就是西班牙版的 Peter Su。

我已經出版了一本旅行書，不管如何，有責任讓它們不要堆積在倉庫裡蛀蟲。像巴布羅那樣邊旅行邊工作是我的目標，但羅馬不是一天造成，網紅作家也不是。水燈節的那天，在清邁安靜的巷子裡，我站在探出牆頭的花朵下自拍了半天，依舊拍不出一張如巴布羅 IG 上的照片。

水燈節的清邁，背包客棧一床難求。我搶到了當時 Booking.com 上最便宜的哈格青年旅館兩晚，阿尼也是。然而相遇的那天，我們都分別被迫搬到更貴的青旅去。二〇一八年十一月的下旬，清邁的白天依舊熱得驚人，早上十點過後青旅的冷氣就會自動關機，逼人起床出門。那天拍完照後，我回去打包行李準備退房時，阿尼才剛起床。他蹲在我床位的下方整理東西，為了順利通過走道並避免尷尬，我跟他打了聲招呼。

已經想不起來我們到底聊了什麼，只記得約好當晚要一起去看天燈。清邁的水燈節（Loy Krathong）據說源自素可泰王朝，有著超過八百年的歷史。相較之下，近幾年才開始流行的天燈節像是為了錦上添花才出現的活動。阿尼說他知道湄州大學（Maejo University）附近有一個免費欣賞天燈的好地方，只不過那裡距離清邁古城十五公里，騎腳踏車要一個小時左右，問我有沒有興趣？

我不知道為什麼自己寧可選擇跟一個認識不到五分鐘的人，而非跟三個在尼泊爾共同爬過世界最大隘口 Thorong La Pass 的法國隊友一起度過清邁的年度盛事。或許一起旅行太久，我們已經厭煩了彼此，又或在泰國最浪漫的節日（水燈節又稱泰國七夕情人節），我們都想做點不一樣的事。

第一眼看到滿臉落腮鬍的阿尼時，我覺得他有些年紀，出現在背包客棧裡略顯突兀。跟年紀才二十出頭的六個法國隊友在尼泊爾相處一個月，讓我忘了年過三十五的西方臉孔都是先老起來放的。傍晚，當阿尼到青旅來接我，並為他因就醫

清邁，況卡瑪寺

遲到而致歉時，我心中閃過一瞬驚恐，手指交叉：「拜託，別給我一個癌症末期出來環遊世界的人。」

「醫生說我有腎結石，尿尿時才會疼痛。」阿尼一臉輕鬆，貌似察覺了我的擔憂。

「請問貴庚？」

「三十六。」

一個三十六歲就有腎結石的人，完全沒有讓我比較放心。但法國隊友都無聲無息，對天燈跟水燈節也顯然不如眼前這陌生男子有準備。夜晚騎車出古城聽起來會是趟不錯的冒險，我猶豫了一下終究決定與他同行。

「對了，我還有個朋友一起可以嗎？」阿尼問。

「也是阿根廷人？」我問。

「對，但昨天我才認識他，是個日本裔阿根廷人。」他說。

很好，清邁天燈節，我們三個臨時湊合的臭皮匠來了。

1-2

腳踏車三人行

燈節的清邁古城，樹上、廟裡與街上都掛滿了七彩八角法輪燈籠。燈籠長長的流蘇在輕風下搖曳，旅人忙著穿梭其中拍照留念。這是清邁一年最美的時刻，擁擠的人潮固然掃興，但節慶的氛圍使人腎上腺素飆升。出古城後就不一樣了，不見任何慶祝佈置。騎著三輛租來的破腳踏車，在阿尼的帶領下，我們奔馳於忙碌的公路，賣力前往湄洲大學。

在印尼的吉利群島（Gili Islands）我有過三人行的經驗，體悟到不管如何，遲早，三人行都會散場。上路後，我讓兩位阿根廷男士先行。不過，事事難料，我們的體力亦然。阿尼本就是單車族，在布宜諾斯艾利斯常騎車上班，往湄洲大學的區區十五公里對他來說只不過小菜一碟。我騎車經驗雖然不多，但好歹剛爬完尼泊爾的安娜普娜大環（Annapurna Circuit Trek），體力尚可。另一位阿根廷隊友阪本就沒那麼輕鬆了，才到半路他已滿頭大汗，逐漸落後。

於是阿尼騎在我前後，跟我聊天。偶爾，像似給我們掛保證一般，零星的雙條車滿載遊客呼嘯而過。我們在一個路口停車去理髮店問路，接著扛起腳踏車穿越分隔島，右轉進一條小柏油路繼續騎了一陣子後才抵達放天燈的會場。

漆黑中，整齊的燈火沿著一條小溪的兩岸列隊分佈，左岸密密麻麻的人潮，像極了南喬治亞島的企鵝群。右岸有個臨時設立的小夜市，也是大型商業天燈會場的所在。

停好車，我們走到會場的豪華入口，三人隔著欄杆巴巴地望著裡面那個我們進不去的世界。泰國是個行銷手腕高超的國家，區區一個放天燈活動也可以弄得像萬人演唱會。據我所知近年來，大型的天燈活動在清邁就有五、六處，一個套裝天燈行程常包含來回接送、食物飲料、民俗表演、兩盞天燈與煙火秀，要價四千到六千泰銖不等。

會場外，我們發現有人聰明地在溪邊規劃了野餐區。燈火旁，溪水潺潺、一張竹桌、三五好友，配上滿滿的街頭小吃，相較起像動物一樣被關在柵欄內的觀光客，待在野餐區的人更懂得生活。可惜，那也沒有我們的份。花一百泰銖買了三個天燈後，我們加入左岸的企鵝群，像找空位下蛋的企鵝般，在人群中擠出一個角落坐下。

突然我們懂了人群聚在左岸的理由，那裡剛好是付費天燈會場的正對面，也就是當場內萬盞天燈升起時，被柵欄隔絕在外的我們其實才擁有了最好的視野。

「謝謝邀請我同行。」我跟阿尼說。

眼看離放天燈還有點時間，我想要回右岸買些小吃跟啤酒。阿尼主動提議同行，阪本則默默留守。每件事都有一個轉捩點，但有時候那個轉捩點卻輕微得讓人難以留意，以致於當它來臨時，沒有得到應有的關注。

人潮中阿尼護著我前進，扶持我渡過小溪的獨木橋。當我們買好小吃與啤酒回到位置上時，我已經知道了這位有腎結石的律師對我的心思。在某個神秘的時間點，一盞、兩盞、三盞，天燈像接龍一樣亮起，純淨的橘光讓群眾躁動，驚嘆聲此起彼落，光的盛會正式開始。

我們笨手笨腳地點燃第一盞燈，但還沒來得及拍照就太快還給了它自由。環顧四周，吸取他人的經驗後，我們點燃了第二盞燈，阿尼跟我模仿隔壁的情侶，默不作聲地把手掌疊在燈上，燈的亮白與手掌的灰黑對比如皮影。好一陣子我才想到，我們是三人行要把阪本也拉來合照，但就像已經失衡的關係般，顧著拍照也讓我們錯過了放手的時機。

第二盞飛起來不久，便垂頭喪氣地落下，差點擊中了人。清邁的天燈跟平溪的不同，清一律白色、無字。對佛教徒來說，天燈象徵智慧之光，在黑暗中指路。

親眼目睹數以千計的天燈在夜空中緩緩升起，是一件很快樂的事。放眼四周，每個人臉上都含著笑意，他們盯著燈內火球的專注神情，像在寄託些什麼。他們追隨自己的天燈從胸前至頭頂，看它飄過樹梢，直至遠方成為一個白點到再也認不出來為止。

天燈被氣流帶引以S型往上飄，像高掛天際的銀河，看得我們久久說不出話來。不久，更大的天燈群出現在對岸的上空，是那些花了數千泰銖的人的願望。

碰！一團紫色的煙花在空中炸裂開來，掀起晚會的高潮。我覺得自己好幸運，也不過幾天前才首次聽聞這節日，一下子卻就置身於它的光輝之下，飄渺得有些不真實，像盞飛遠了的燈。

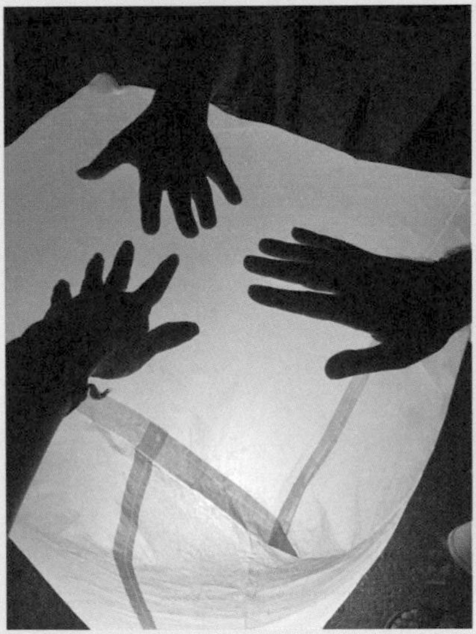

天燈象徵智慧之光，在黑暗中指路

1-3

水燈節的河畔對談

天燈節的敗像，在我們返回清邁古城時無情地襲來。先是一盞盞天燈殘骸死氣沈沈地橫躺在公路上，任車子碾過。接著到了臨近市區時，一些不幸被電線攔截的紙模，更是在空中燃燒霹啪作響，一副想掙脫逃跑的樣子。

同時，水燈卻在平河（Ping River）上如星光閃爍蜿蜒而下，寂靜得像默片。河岸的遠方依稀可見更多水燈繼續加入。我們在著名的九寶橋（Nawarat Bridge）附近停車，加入狂歡的人潮。

清邁古城外的平河是天燈與水燈節的主會場，清邁政府在橫跨平河的九寶橋兩端設置了大小不同的舞台，夜市與酒吧相伴兩側。我們去 7-11 買了幾瓶象牌啤酒就到河邊找張長椅坐下，騎了兩個小時的腳踏車，我們都累了。

水燈是一種由香蕉葉、香蕉莖、鮮花所製成的精緻小花藍，花籃的中間安置著蠟燭與錢幣。早期，水燈用於祭拜水神，後演變成情人之間的活動。喝著啤酒靜靜地看完一對小情侶放了水燈後，我問阿尼與阪本要不要也放，他們都搖頭。

水燈

阪本說開始旅行後，他瘦了好幾公斤。以前他從來沒想過自己一天可以走幾萬步，但在曼谷竟天天如此，不可思議。阿尼也附和自己有些褲子現在不用皮帶都穿不起來了。

我說起某次在尼泊爾時，食物中毒了兩個禮拜都不知道，還以為是感冒。結果一抵達曼谷廊曼機場的第一件事就是衝去廁所狂吐，還被打掃廁所的阿姨嫌棄。我

們哈哈大笑，一整晚到了那時我們才有機會好好認識彼此。

阿尼跟阪本誤聽我的年齡，以為我已經四十二歲，對我的凍齡之術感到不可置信。到了後來才知道真正有四十歲的是阪本，但我也是看不出來。亞洲人的駐顏術連亞洲人都無法看透。

第一次踏足亞洲的阿尼說，他沒想過可以如此輕鬆地跟亞洲女孩聊天。我問他難

平河上的水燈點點如螢火

道阿根廷沒有亞洲人？

「不，阿根廷有很多華人。」阿尼說，「阿根廷的華人自成一區，每個都經營雜貨店生意。在阿根廷我們把去超商叫做去中國商店，因為幾乎所有的超商都由華人把持，或跟他們鋪貨。」

「但妳知道的，總覺得有距離。」阿尼補充，「我們的生活圈不會兜在一起。」比起阿根廷華人，他說部分的阿根廷猶太圈子更封閉，非猶太人不得進入。

「當大部分的阿根廷人在院子烤肉，吃牛排時，我們家卻在烤肉時吃飯糰。」阪本笑著說。曾經回日本生活過幾年的阪本強調，比起西方女孩，他還是比較想跟日本女孩談戀愛。

阪本是個工程師，辭職出來旅行幾個月，打算遊遍東南亞。阿尼是個不用出庭打官司的律師，在政府單位工作，負責調查經濟犯罪。他留職停薪一年，抵達泰國前，已經在歐洲旅行了半年。我從二〇一八年十月出門，在吉隆坡待了一個禮拜後，去尼泊爾晃蕩了一個半月，再度來到了清邁。

天燈與水燈節把我們三個八竿子打不著關係的人兜在這平河的石板凳上閒聊。明天，我們可能就走上不同的道路，再也不相見。旅行的相遇如放天燈與水燈，得在火燃燒殆盡之前適時放手，燈才飛得出去，飄得遠，照亮夜空。

我們在接近午夜時踏上歸程。阿尼跟阪本先送我回旅館再各自返回青旅。我在X國王旅舍前跟他們兩人道晚安後，就往旅館內走。在我推開旅館的大門，準備跟旅舍的老闆大衛打招呼之際，阿尼的聲音突然傳了過來。

我轉頭，看到早該離開的阿尼向我騎來。我笑著走向他，意外也不意外。大衛隔著玻璃門靜靜地看著我們，好像早已習慣了這樣的戲碼。

Chapter 02

僧侶之路，走進清邁最美麗的寺廟

2-1

雙龍寺的後山之吻

隔天，在開往雙龍寺（Wat Phra That Doi Suthep）的雙條車上，阿尼說他也邀請了阪本同行，但他沒回覆。三人行就那樣破局了。

儘管二〇一五年我曾拜訪過清邁，把它寫進了《開往龍目島的慢船》裡，但當阿尼提起雙龍寺時，我對它還一無所知。我是被雙龍寺如黃金宮坐立於叢林的照片吸引，才同意阿尼的邀約。

距離清邁市區十五公里的雙龍寺位在海拔一〇七三公尺的山上。當雙條車在蓊鬱的林中迂迴行駛時，我被山路與經期搞得反胃又腹痛。抵達雙龍寺，我已經渾身盜汗抖個不停。只好吃過藥再去挑戰它著名的三〇九級台階。

印象中我從沒看過那樣的東西；四頭由大至小的獨角猛龍從龐大的青龍母嘴竄出，藍綠琉璃的金色鱗片，讓牠們越加鮮活。那是泰國水神暨雨神那伽（Naga），牠擁有龍蛇混合的外形，常見於東南亞佛寺。

那伽搭配階梯時常獨身出現，沒有搭配階梯的那伽則常以傘狀的七頭蛇造型現身。像雙龍寺那般從青龍嘴中吐出四條龍的設計不多。阿尼跟我沈迷於牠們華麗的雕琢中，久久不能自已。

雙龍寺的門票三十泰銖，阿尼透露走側門免錢。儘管懷疑那樣的可行性，我還是跟著他從一旁的小門進去。而果真，沒有人出來收門票。在旅行上，儘管阿尼跟我有很大的共通性，但在資訊的蒐集方面我們卻有著天南地北的差異。

去一個地方旅行時，我常訂了機票與首晚的住宿就出發，在路上幾乎靠運氣過日子。阿尼不同，他喜歡事先掌握目的地的一切，講求效率與品質。他不想浪費時間去一個不怎麼樣的地

雙龍寺的那伽

方。我的隨性讓他感到不可思議，他的細心則讓我安心。

雙龍寺上至屋頂瓦片下至地磚都是金色，立於白色基座上的巨大金塔在藍天下閃閃發亮，如佛光普世。一旁，鏤空的金色華蓋宣告佛陀的尊榮。在這個橘黃的世界裡，佛祖舍利的加持讓雙龍寺凌越於百廟之上，成為聖地。

我們不免俗地在一塊將披掛於佛塔的黃色布幔上寫下心願。繞一圈寺廟後，我們走進一間聽堂坐下，打算靜坐一會兒。但一旁進行的祈福儀式讓人難以專注。廳內，榻上一名和尚口中的咒語方落下，就迫不及待地把手伸向信徒。雙膝跪地的虔誠信眾見狀惶恐地掏出紙鈔。同樣的畫面不斷上演，信徒絡繹不絕排到門外。我們無聲退出，那不是我們要找的地方。

雙龍寺後院，我準備幫阿尼拍照時，一個中國大媽突然殺入把他擠到一旁。阿尼向中國大媽抗議，但中國大媽秉著中年婦女的厚臉皮，對他的抱怨完全不為所動，看得我直偷笑。

不久，我們遇到了法國背包客費德利克，他告訴我們有一條步道可以從山腳通上雙龍寺。並強調山腰有一間非常美麗的寺廟，一定要去拜訪。阿尼問他路況如何？

「上山不容易，但下山還好。」他說，「注意打滑。」

「妳可以嗎？」擔心我身體不適，阿尼問。
「我們一人穿涼鞋一人穿拖鞋，半斤八兩。」我說，「且還有什麼比秘徑更吸引人的？」

1 雙龍寺著名的金塔
2 雙龍寺的後院

離開後山廣場，我們沿著費德利克所說的步道走了一陣子後，眼見四下無人，阿尼跟我情不自禁地接吻。突然，從阿尼的耳後，我看到一名身穿黃色袈裟的僧侶在小木屋的陽台上笑盈盈地跟我們揮手。我們咻地飛速彈開，像被抓包的青少年情侶。故作鎮定地朝僧侶揮手回去後，阿尼跟我糗得笑了出來。

「佛門聖地，男女授受不親，現在開始，請跟我保持一公尺的距離。」我一本正經地說。

「一公尺的距離？」阿尼邊說邊故意朝我靠近。

「別過來！」我大喊，「舉頭三尺有神明。」

原來，雙龍寺的後山是內觀（Vipassana）中心，難怪小路兩旁有多棟小木屋。經過內觀中心的接待櫃檯時，我們進去詢問了課程。雙龍寺的內觀課程初學者是三週，有經驗的人為十天。

在尼泊爾時，一個以色列背包客曾跟我說，內觀最痛苦的是第三天，熬過第三天，基本上都能順利完成課程。內觀強調藉由打坐來觀照自身，專注身與心的連結。所謂的內觀即觀看事物的本質。近幾年，這個由佛陀一路傳承下來，有數千年歷史的冥想活動，風靡於背包客之中。

阿尼說尼泊爾博卡拉的 Dhamma 內觀中心是世界最著名的內觀地點之一，需要數個月前預訂才進得去。怪不得在博卡拉時，我住的青旅裡三天兩頭就有人要去內觀。原來，我身處冥想聖地卻不自知。

經過內觀中心的大廳時，我一見到一素衣西方女子，下意識地就朝她揮手打招呼。阿尼見狀馬上制止我，強調內觀中人，不能與他人有任何交流，我分明是想壞了人家的修行。

在尼泊爾初聞內觀規距時，我認為那個第三天逃跑的人必定是自己。因為凡參加內觀者，第一天就會被沒收所有電子產品、書籍與紙筆。修行者除了每天得冥想超過十小時，還被禁止做任何運動。

離開雙龍寺時我沒想到，隔年，阿尼還真的去了博卡拉內觀。

2-2
斜岩修道院

若早知道雙龍寺後山的那條小徑叫「僧侶之路」的話，或許我跟阿尼就不會想要在上面接吻了。

據說西元一三八三年，當白象載著佛祖舍利抵達雙龍寺前，曾在費德利克所說的美麗寺廟休息。雙龍寺建成後，國王下令在白象的休憩處另建一座寺廟，讓前往雙龍寺禮佛的僧侶中途有個落腳的地方，那即是斜岩修道院（Wat Pha Lat），隱藏於叢林中，清邁最美、最有靈氣的寺廟。

當阿尼跟我抵達斜岩修道院時，我們還不知道上面的故事。寺廟

斜岩修道院一景

的廣場前，兩隻一白一藍的孔雀在一棟樸實的木屋前跳上跳下，兩尊象牙白的大型人面獸身護法坐守路口。那是一個與雙龍寺完全不同的地方，沒有人潮，沒有金光閃閃，就連神獸與佛像都內斂而溫柔。我們完全被迷住了，像發現秘密花園。

當雙龍寺以四頭惡龍的那伽立於門口威嚇眾生時，這裡卻以頭戴寶冠、眉清目秀、面帶微笑的人形蛇身樣貌迎人。泰國沒有任何一間寺廟像斜岩修道院那般，無處不是喜樂。那是一個從神獸、護法乃至大小佛像，都淺淺微笑的地方。

木製的佛堂線條簡約典雅，彷如出自日本京都的唐代建築。長了青苔的磚造佛塔散發著歲月氣息。石梯、亭台樓閣與小橋流水在林中若隱若現，每個轉角都藏著驚喜。設計此寺之人，不僅精通佛理也深諳園林之道。一個心若不透的人，必定造不出那樣的世界。

後來我才知道，自一九三五年通往雙龍寺的公路建成後，斜岩修道院就從僧侶的休憩處轉成了修行冥想之地。我們在寺中流連忘返，遲遲捨不得離開。我提醒阿尼若要徒步下山，再不動身肯定天黑了都還到不了清邁動物園，也就是步道的入口。阿尼掙扎了許久才表示天黑走山路有風險，還是坐車下山吧。聽到他的回覆，我鬆了口氣。

離開修道院回到大馬路上，有如重返塵世。由於不知道什麼時候才會有雙條車經過，我們決定搭便車。興許是佛祖保佑，不久，就有一對西方母女走向一台停在我們前面的休旅車並準備開車離開。阿尼以女孩子較沒有威脅為由，叫我上場。

來自土耳其的母女說她們的車雜物雖多，但整理出兩個位置沒問題。不過，她們住在山腳的飯店，最多只能載我們到那裡。我跟阿尼欣然上車。路上，去過土耳其旅行的阿尼用他依稀記得的幾句土耳其語逗得母女二人大樂。

下車後，我們走到一個公車站，打算搭公車回古城。但路過的公車都沒有進城。幾次，雙條車見我們在路邊等待，都主動停靠詢問。阿尼為了省錢，遲遲不肯屈服。

天色越來越暗，我們卻還在一條不知名的街道耗著，以至於向來不肯多花冤枉錢的阿尼也只能宣告投降，提議下一台雙條車一來，不管價錢為何都要上車。很快，一台雙條車就抵達，我們一人付了三十泰銖就上車。

「請問您付了多少車資？」上車不久，阿尼不死心地問了一個女大學生。

2-3

水燈節花車遊行

雙條車在塔佩門（Tha Pae Gate）前被水燈節的花車遊行隊伍給擋住了去路。華麗的大型花車與熱鬧的人潮，讓我們決定下車加入水燈節最後的狂歡。

慶祝美泰兩國友誼的花車先打我們面前經過，一家三口的美國人穿著十九世紀的美國服飾在花車上揮舞著迷你美國國旗。夾在人流中，我們跟隨花車沿著塔佩路往九寶橋前進。

我們最愛雙龍寺的白象花車。頭戴皇冠，身披寶石的白象載著舍利塔，拖著有泰皇瑪哈．哇集拉

雙龍寺的白象花車

隆功彎扭御照的巨大花燈。花車四角裝飾著粉、灰、白的調皮小飛象，非常華麗。白象花車擄獲我們的心與我們剛從雙龍寺下山無關，而是車上數名作古裝打扮的泰國俊男美女看得我們目不轉睛。

「妳說，他們那樣一直笑累不累？」阿尼發現花車上的模特兒總是維持著同樣地笑容後問。

「光看男模渾厚的胸肌與女模完美的臉蛋，就知道這些模特兒肯定都萬中選一。」我說，「持續一兩個小時微笑，對他們來說根本小事一樁。」

我們一直走在白象花車旁，突然，阿尼轉過頭來給我一個天衣無縫的笑容，「王子出巡。」他說，接著模仿英國皇室對眾人揮手。意會過來他在模仿花車上的模特兒後，我笑得路都走不直。阿尼樂此不疲地微笑跟揮手了許久。

滿月當空，天燈像螢火蟲一樣飄散天際。街道兩旁的彩色燈籠在人群上方發出溫暖的光芒。遊行隊伍在九寶橋前停了下來，我們欣賞了一陣子民俗舞蹈後，決定離開人群去找食物。

阿尼提議去小清真區吃一家孤獨星球（Lonely Planet）推薦的 Khao Soi 名店。Khao Soi 是一道雞蛋麵搭配咖哩湯的著名泰北料理。可惜等我們抵達麵店時，他們已經準備收攤。阿尼跟我只好在路邊買了一盤十泰銖的泰式炒河粉（Pad Thai）來吃。

吃過麵，我們去 7-11 買了些啤酒，在平河岸邊的草地坐下，看河中水燈零落漂過，看九寶橋上天燈絡繹不絕升起。

兩天的相處，雖讓阿尼跟我感受到對方身上的吸引力，但就如這熱鬧的燈節已經到了尾聲，才剛萌生的情意也到了盡頭。我接著打算去北邊的嬉皮小鎮拜縣（Pai），阿尼隔天就要去緬甸。

局勢已定，我們注定要分離。在尼泊爾旅行了一個半月後，我再次來到清邁，為的是寫完第二本書。我沒有預算也沒有計劃四處移動。泰國只是阿尼的第一個東南亞國家，他有預算也有計劃走完中南半島。

我們相互依偎，似乎想要在最後的相處時光中抓住一點什麼，但又心知什麼也留不住，一如被河水帶走的水燈與零落的煙花。

凌晨，阿尼送我回青旅後就騎著腳踏車消失在漆黑的街道上。躺在床上，遺憾輕輕地刺痛了我，不過，很快就被我擊退。與三年前第一次拜訪清邁相比，我已經更習慣了旅行的分分離離，不會輕易再嚎啕大哭。

進入夢鄉時，我完全不知道古城的另一頭，阿尼的戲還遲遲不肯落幕。

Chapter 03

泰北的嬉皮天堂：拜縣

3-1 阿尼回來了

從小我就討厭當那個被留下來的人。十一歲以前我都住在廣西的偏鄉。一年夏天，我最要好的朋友去廣東度假，我常一個人坐在草地上望著暮色的田邊小路，期待她出現。那是我人生中最痛苦的暑假之一。

國小五年級的時候，一天天還沒亮，我爸就帶著我們一家人離開住了超過十年的村子。我來不及跟朋友們道別，但身為離開的那個人，我反倒不特別傷感。

阿尼的離開的確讓我鬱悶，但我倒還能振作起來。然而，中午未到他就傳來簡訊告知要跟我一起去拜縣。我們在北門碰面後，他說當他去到 Arcade 公車總站時，開往緬甸的巴士已經沒有位子了。再見阿尼，讓我感到有些失真，他本該在往緬甸的路上。我很高興阿尼加入拜縣的行程，沒有他我可能沒有動力獨自出發。

吃完午飯，我們達成協議，由阿尼再到 Arcade 公車總站張羅去拜縣的車票，我回青旅退房並把行李移到他的旅館寄放。很快，我就收到阿尼搶到了最後兩個開往拜縣的座位的消息。下午四點準時出發。

清邁，Wat Tung Yu

離開清邁前，我們決定到三王紀念碑看看。前一晚我們分開後，阿尼還去吃了宵夜。然而，等他回到青旅，他卻找不到置物櫃的鑰匙。旅館員工不得以只好破壞鎖頭取出他的貴重物品。阿尼也因此付出了三百泰銖的代價。當阿尼告訴我他有弄丟東西的毛病時，我以為他在開玩笑。後來才知道，他連放在自己背包的物品都可以找不到。

水燈節過後，清邁的街頭冷清不少。三王紀念碑廣場前的燈籠色彩依舊，卻已不見人潮。我們在健美的三王雕像前看了一陣子後覺得沒什麼意思就離開。回程經過一所國中，操場上學生正在踢足球。阿尼說每次當他介紹自己來自阿根廷時，別人都一直喊梅西、梅西！好像，除了梅西，阿根廷再也沒有其他人一樣。我安慰他至少還有人知道阿根廷有個梅西，每次當我告訴別人我來自台灣時，別人總以為是泰國。

回到北門，我們到青旅拿了背包就在路邊等雙條車去公車總站。雙條車還是老樣子，喊價沒在客氣。

開往拜縣的小巴乘客不到十人，我們坐在最後一排。阿尼很滿意我們的位置，認為正適合卿卿我我。然而，我總覺得透過後照鏡，司機早已對我們翻了千百個白眼。

拜縣的一〇九五公路

我還住在曼谷的克里特青旅時，一天我在早餐認識了一個剛從拜縣下山的西班牙背包客。他提醒我千萬別吃下整顆路邊買的暈車藥，說親眼看到一個人吃了之後不醒人事。他強調吃半顆就好，就半顆。

我曾聽聞通往拜縣的山路異常曲折。但經歷過安娜普娜大環上江森（Jomsom）到博卡拉的那段公路後，我自認已經體驗過世界上最爛的公路。尼泊爾隨時有坍崩風險的破山路都沒讓我暈車了，滑順的泰國柏油路又怎能擊倒我？

可我忘了，尼泊爾的山路時速不到二十公里，泰國的山路時速則四十公里起跳。當開往拜縣的小巴在森林裡滑過一個又一個髮夾彎時，我感到越來越不妙，只好請阿尼暫時不要跟我講話，可不久還是不爭氣地吐了，把不知道暈車是怎麼一回事的阿尼嚇了一跳。司機見狀只好把車停靠路邊，藉機也讓其他背包客下車透氣。我蹲在路旁，狼狽不堪，阿尼忙著給我遞水跟面紙。

重新上路不久，司機在一個有雜貨店的地方停車讓我們上廁所。我跟一個店家買了傳說中像毒品一樣厲害，一包四顆只要二十四泰銖的暈車藥，並且毫不猶豫地吞下一顆。興許是已經太遲，又或它確實發揮了功效，後半段路程胃中的東西都好好地留在該待的位置，可也沒有昏死。而正因那樣，造成了我對它的大意，使得回程時睡得完全不醒人事。不過，那是後話了。

甘姆帕納特楚恩源民宿的小木屋

3-2 譚羅洞

我應記住不要期待四字，那樣當我跟阿尼揹著背包走入拜縣夜市時，才不會惋惜那裡的過度喧囂。補上食物後，我們直奔距離市中心二．五公里的甘姆帕納特楚恩源民宿（Churn Yuen Pai by Gampanat Guesthouse）。

「讓我先確定一件事，你有沒有老婆或女朋友？」當我們決定預訂一間雙人房時我問阿尼。

「沒有。」阿尼回，「妳呢？」

「也沒有。」

海拔一千五百公尺的拜縣，溫度與清邁明顯不同，三個小時的車程讓我們如從夏天進入秋天。在夜風、星星、月亮與寂靜的陪伴下，我們很快就把二．五公里給走完。

甘姆帕納特楚恩源民宿的主人是一對警察夫婦，房費一晚四百泰銖，續住一晚只要三百，我們訂了三晚。民宿有個漂亮的大花園，我們住在一棟花草圍繞的米色小木屋二樓。拜縣高品質的住宿讓我們歡呼，同樣的價格在旺季的清邁只夠付一

譚羅洞入口

張上下舖。

某位朋友曾跟我說能不能在另一個人身邊自在地睡覺，對他來說非常重要。我也一樣，只是一開始我不自知。跟前男友剛在一起時，有一段時間我都失眠。睡不好隔天還得上班簡直是災難。某次趁他睡著，我還偷跑回自己的房間睡覺。慶幸的是，我跟阿尼沒有此困擾。

隔天早上，我們租了一台機車前往介於拜縣跟湄宏順府（Mae Hong Son）之間的譚羅洞（Tham Lod Cave）。阿尼跟我的騎車技術都很差，不過，阿尼當司機，我們的存活機率較高，至少他還有身高優勢。

一〇九五公路是一條通往湄宏順的省道，也是泰北風景的絕佳展場。在連續髮夾彎之間，不同層次的翠綠山頭如波浪延展。泰國前所未有的一面呈現在我們眼前，開闊、寂靜、數不盡的青山，天地唯雲白與樹綠二色。技術不佳固然讓我們沿途戰戰兢兢，但我們還是感到暢快無比。

譚羅洞距離拜縣約五十公里，車程一小時。我們在中午抵達譚羅洞前的Pang Mapha村並在那裡吃午餐。在一間叫作Phupha ChanPha的餐廳內，阿尼找到了期待已久的泰北咖哩雞蛋麵（Khao Soi）。這碗由濃稠咖哩搭配香脆雞蛋麵、紅蔥頭、萊姆、酸菜與辣椒的金色湯麵，從裡到外擄獲了我們的心。自此，不管到哪裡，我們總是急著找尋它的蹤影。

我們跟一個德國女孩共乘竹筏進入譚羅洞。在嚮導油燈微弱的照耀下，我們隨著貫穿洞穴的瑯河（Lang River）緩緩前進，不時魚群在竹筏兩旁翻滾隱約可見。我們慶幸譚羅洞沒有像其他鐘乳石洞一樣裝上討厭的人工燈光。

在僅及一公尺的光源中，我們看到了鐘乳石瀑布、鱷魚、青蛙、陽具與一顆女性都羨慕的完美乳房。

「這個洞穴是什麼時候形成的？」阿尼問女嚮導。

「我不知道。」她毫不慚愧地說。

「這裡的棺木是多久以前出現在洞裡的？」到了洞內的墓葬區時換我發問。

「不知道。」女嚮導還是老樣子。

阿尼氣得問我到底有什麼是女嚮導知道的？我說鐘乳石鱷魚、青蛙、陽具跟乳房。這些精采的亮點她可是一個都沒錯過。

「這是什麼？」突然，阿尼一臉認真地問我。

「不知道。」我學女嚮導的語氣回覆，逗得阿尼笑個不停。

在陡峭狹窄的木梯中上上下下，穿梭於洞窟之間，看完如異星地景的石柱與側聽蝙蝠的嘶喊後，我們像是完成了一場地心冒險，心滿意足。我們謝過了德國女孩的陪伴後，就啟程返回拜縣。

半路，我們發現油不夠騎回市區，就開始進行找加油站大作戰。但地圖上顯示的加油站盡是謊子。好不容易，我們才在去程停留的觀景台休息區，找到了一個販售一公升瓶裝汽油的小攤販。

「一百泰銖。」賣油的阿婆冷酷地說。

「一百泰銖！妳知道加油站的價格只不過是妳的三分之一或更低嗎？」阿尼不敢置信地說。

「要不要隨便你。加油站便宜的話，你去加油站加呀！」阿婆沒在客氣。

我們愣住了，沒有想到向來以溫柔婉約聞名的泰國人，竟也有如此嗆辣的。

「若有加油站，我還需要來問妳？」回過神來，阿尼也不甘示弱。

一時之間雙方僵持不下。一個會講英文的泰國男子過來關心。阿尼描述了事情的經過後，他試圖為我們調解，可惜阿婆也不買他的帳。

我跟阿尼被阿婆氣到，認為即使要走路回拜縣，也不能讓她稱心如意。我們在廣場上煩躁地走來走去時，一個在廣場後方的小販打手勢叫我們過去。他從箱子拿出一瓶汽油，輕聲說可以賣我們五十泰銖，前提是不能讓兇阿婆知道。我們認為他開價合理，便接受了。

「祝妳生意興隆！」重新上路前，阿尼特地走到阿婆前對她說。

3-3

拜縣大峽谷

為了追逐夕陽，我們在一〇九五公路上迸奔。阿尼的騎車技術日進千里，當我們抵達拜縣以南八公里的拜縣大峽谷（Pai Canyon）時，夕陽正要落下。

我們在人潮中找個位置相依坐下，這是我們的第一個夕陽。阿尼跟我有默契地保持安靜。峽谷下方，反射了光線的林海罩上了一層金黃，本就是土色的步道像鍍了金越加耀眼，如在林中四竄的金蟒。

「我很高興，能夠跟妳一起看夕陽。」等落日沒入山頭，天空換上粉橘色時，阿尼說。

「我也很高興，你在這裡。」儘管我知道我們的關係一如這泰北的夕陽，遲早會被黑暗吞沒。

阿尼說大多人看夕陽，見太陽降至地平線下就走了，但對他來說夕陽最精彩的部分是太陽下山後的光線變化。當其他人陸續離開後，我們在陡峭，被風雨侵蝕得寬窄不一的岩壁間移動，找尋不同的視野。阿尼說我們隔天一定要再回來。但常

泰北咖哩雞蛋麵（Khao Soi）

旅行的人都明瞭，這句話有多不可靠。世界那麼大，等待探索的角落那麼多，哪來的餘力重複分給同一個地方。把握當下，才是最實際的作法。

經過一間小吃店，阿尼看到菜單上有咖哩雞蛋麵後，忍不住要來一碗。一起吃過幾次飯後，我發現我們對於口味的標準落差極大。對我來說，阿尼食用的鹽量簡直幾近鈉中毒的程度。偏偏他又熱愛檸檬與萊姆，而任何讓他加上這兩樣東西的食物，他都要再灑鹽，他的理論是——酸鹹中和。

晚餐後，我們去一間叫作 Almost Famous Bar 的 Mojito 專賣店喝一杯。晚上十點多，當我們回到民宿時，民宿女主人 Nam 激動地歡迎我們歸來，讓我跟阿尼滿頭霧水。

「你們總算回來了，我好擔心你們呀，還不敢先跑去睡覺。」Nam 熱切地說，「每個住在我這裡的客人都是我的孩子，我就像你們的媽媽一樣喔。」

如此那般，我們在拜縣突然多出了一個媽。這個媽，講話有種獨特腔調，模仿她講話很快就成了我跟阿尼最熱衷的事。Nam 是我們在拜縣最美好的回憶之一。

Chapter 04

再見了，阿尼

4-1 美茵寺的大白佛

今天，阿尼穿了件珊瑚粉上衣。相遇以來，這是他首次穿黑色以外的衣服，我覺得走在階梯上的他，如一朵在綠林中移動的紅花，耀眼而美好。

中午未到，太陽已咄咄逼人。美茵寺（Phra That Mae Yen）多達三五三級的階梯讓我們滿頭大汗。高十幾公尺的美茵寺大佛，除了一塊金毯與基台的紅磚，從佛像、基座、到階梯，都潔白如雪。遠遠地，在數重山外，就可以看到祂立於山腰。明明祂是那樣沈重，卻有漂浮於綠海的輕盈。

上到美茵寺，我們先參觀了大殿。與清邁寺廟的佛像相比，美茵寺的佛像與護法有古樸的童稚韻味。主殿入口上方，一幅地獄壁畫佔據了整個牆面；一個躺在木架上的人，正遭受割腿之刑，幾個披頭散髮的人蹣跚爬上刀山，一人以倒V姿態被長矛釘在半空中。地獄使者神情冷酷，揮刀不手軟。那些生前作孽的人滿臉驚恐，巨大的烏鴉在空中盤旋，一尊祥和的菩薩從天而降。自從在藝術史課堂上看過日本的《地獄草紙》與波希的《人間樂園》以來，那是首次，我再見如此血淋淋的地獄繪。

在長長的涼亭稍作休息後，我們爬上最後一段通往大白佛的階梯。美茵寺的大白佛，雙頰圓潤，五官細緻，神情親切，以年輕的釋迦摩尼形象塑造。其身上的袈裟，除了左肩以幾條立體曲線表示繫帶，僅以一道波紋在胸前區分布料與肌膚，簡約至極。

一般來說，大型佛像不易營造動人的道場，年代越近越如此。造佛，除了經年累月，還得虔誠奉獻。美茵寺大佛的寧靜與莊嚴讓我意外，畢竟，祂是那樣地新穎而閃亮。阿尼表示他想找個角落靜坐。

藍天白雲下，阿尼在面向大佛的右邊打坐。我看著他與其他同在冥想的背包客及鳥兒啾啾的森林，真是個氣場強大的地方。阿尼打坐結束，我們拜過佛與拍過照後，就面對拜縣坐在階梯上欣賞山景。

不久，一僧侶跟友人到來。聽到他講一口流利的英文，阿尼就跟他聊了起來。那是位來自泰國南部年約五十的出家人，曾在海島上當過多年的潛水教練。阿尼打算到龜島考取進階潛水證照，便問了他幾個潛水相關的問題。在《開往龍目島的慢船》裡我提過，清邁外圍可能有提供英文佛經，接納外國人出家的寺廟。我問那位僧侶是否聽聞此事？他說很有可能，越來越多外國人到泰國體驗出家了。

我們跟那位僧侶有段愉快的談話。對我來說他是意志堅定的僧侶，不像三年前在清邁跟我對談的那位，出家了十二年，還不確定是否要一輩子皈依佛門。

4-2 拜縣大象營

下山後，沿著四〇二四公路，我們往二戰紀念橋（Tha Pai World War II Memorial Bridge）前進。路過大象營區時，儘管我們都不騎大象，我還是叫阿尼停車。泰國的大象營向來聲譽不佳，許多營區都曾傳出虐待大象的醜聞。

也因此，越來越多背包客拒絕騎大象，然而事實是，泰國已經沒有適合大象自然

生存的環境，失去觀光收益的園區為確保收入只得轉型，遊客從騎乘改成餵食或幫牠們沐浴。

在一間度假村的院子，我們看到一頭大象孤零零地被圈在一個小亭子下，有氣無力；另一頭還掛著座椅的，則載著埋頭於手機的訓練師，緩緩路過。我們從未那樣密集地看到大象。然而在一間叫 Thom 的營區前，一對外國夫妻正陪同一頭大象到森林散步。那是頭少數看起來真正快樂的象，於是我們決定拜訪。

除了出門散步的那隻，Thom 的營區內，還有兩隻健康豐腴的大象在鐵皮屋頂的大圍欄內。觀看一對泰國情侶餵食牠們一陣子後，我指著一旁寫著：「十泰銖，餵大象吃香蕉。」的籃子問阿尼要不要也試試。

看到我們手中的香蕉，一隻大象馬上朝我們靠了過來，伸出長長的鼻子，咧嘴大笑。近距離接觸陸上最大的動物實在讓人激動，在工作人員的指示下，我們把香蕉藏到背後，讓牠用鼻子繞到身後找。

我們餵食的那隻大象上方有張海報，寫著：「我叫 Tutdao，我喜歡跳舞，喜歡你餵我香蕉、喜歡與你一起玩。」

Tutdao 的腳上沒有鐵鍊，脖子上僅套了一條寬鬆的細繩。相較之下，一條馬路之隔的兩隻大象，腳繫鐵鍊雙腹凹陷，眼神死灰。

大象營是一個充滿爭議的存在，從任何層面看都是人類逼迫牠們待在狹小的空間內。人類與大象的關係很像人類與馬，在很久以前就被人類馴服所用。二〇一六年在爪哇，我遇到一個曾到清邁大象營當過一個月志工的台灣女孩。當她告訴我她付了一萬多台幣的志工費用時，我一度認為她受騙。

然而一個新手與其說能分擔照顧大象的工作，無疑更像貼身體驗牠們的日常。一個志工一個月的食宿費用若都由大象營支付，當更多的志工湧入時，資金就會有問題。我不認為大象營真的缺人力，與其提供免費的食宿讓一個對大象完全不懂的新手來幫忙，不如訓練一個專業的當地勞工。

保羅．索魯（Paul Theroux）在《暗星薩伐旅》裡曾說，慈善團體與志工越多的非洲國家越窮。慈善團體與志工扮演了當地政府該有的角色。他們的善意是真，但抓準了這點，腐敗的政客故意讓國家保持窮苦以獲得更多人道救援。非洲人民的痛苦實實在在，但在政治的操弄之下，他們的生命朝夕不保。在路上投入志工的背包客越來越多，但誰才是被需要的那一方？

4-3

跟阿尼說再見

二戰時，日本曾入侵泰北，打算從拜縣進入緬甸。今日橫跨拜河的綠色二戰紀念鐵橋是一九七六年改建的新橋。一九四一年日本人逼迫拜縣居民搭蓋，用來運送戰爭物資的那座木橋，撤離時已被他們一把火燒毀。

在二戰鐵橋對面的餐廳吃過午餐後，我們直奔潘博瀑布（Pam Bok Waterfall）。離開一〇九五公路，我們騎上一條凹凸不平的產業道路，路上的坑洞讓我們蹦蹦跳跳。路過一個叫「地裂」（Land Split）的景點時，我跟阿尼都直搖頭。「地裂」是一個農夫在地震過後，因農地裂開無法耕種所創造的景點。為求生存，他想出了喝現榨果汁贈地裂奇景的行銷手法。令人意外的是，還真有不少人上門。

潘博瀑布位在兩塊巨岩之間，下車後還得走上一小段路。瀑布的水流不大，也不算清澈。但對背包客來說，森林中的小瀑布別有一番風情。瀑布附近，背包客這裡一個，那裡一對。

我們抵達瀑布時，水裡還沒有人。我問阿尼要不要下水，他卻有些懶散。我說若不下水，帶泳衣來做什麼？說不過我，他只好妥協。然而，沒有適合的更衣地點讓我開始退縮。阿尼以沒人會注意為由，叫我直接在水邊更衣。我雖沒身材，卻還有廉恥心，只好請阿尼幫忙掩護。

看到我們下水，其他背包客也陸續加入。起初不情不願的阿尼到了水裡後，竟跑到瀑布下灌頂。上岸後，我們爬上高處讓陽光烘乾身體。

1 拜縣的二戰紀念鐵橋 2 奔潘博瀑布

文高古索竹橋

佛陀竹橋又叫文高古索竹橋（Boon Ko Ku So Bamboo Bridge），是一條橫架在稻田上長八百公尺的竹橋。從潘博瀑布出發，需先爬上一個車禍頻傳的碎石陡坡。我們準備出發時，一對摔車的情侶正從那個坡上一拐一拐地牽著機車下來。

「不准把車子騎過潘博瀑布。」我們租機車時，機車行老闆囑咐。

我們考慮過把機車停放在瀑布旁再走路上去，但那是段二公里長的彎曲山路，徒步的話沒有一個小時到不了。其他背包客告訴我們，那段路確實危險，但多加小心還可行。最後我們決定還是騎車，但經過危險路段我就下車用走的，由阿尼獨騎。最後證明這是個正確的選擇，那段二公里的山路比我們想的還要長。

佛陀竹橋是村民為了方便山裡的僧侶外出佈施而建，連接兩山。十一月底竹橋下的稻田已經收割，田中堆放著整齊的稻桿。竹片編織而成的橋身充滿了彈性，走在上方搖曳有聲。除了竹橋以外，村民還蓋了幾個涼亭供人休憩與一佛龕讓人禮佛。橋邊野花綻放，水池倒映藍天，眾山環繞，頗有世外桃源之感。我們在一旁餐車喝了杯咖啡。

為了追逐夕陽，我們再度奔馳於一〇九五公路上。這次的目標是離市區六公里的雲來觀景台。我們本該專注趕路，卻被路上的稻田吸引而走走停停。好不容易等抵達雲來觀景台時，天際僅剩淺淺的粉色。

雲來觀景台佈置完善，有小木屋、帳篷與咖啡廳，以欣賞日出、日落聞名。事實上，拜縣似乎沒有一個景點不適合看日出日落。為了三十泰銖的門票，我們在售票口跟工作人員耗了許久。老實說那讓我氣餒，認為堅持那幾塊錢沒什麼意義。但對阿尼來說，他認為一個以「夕陽」作為號召來收門票的景點，太陽下山後還要收取全額的費用太不合理。

可惜，世上那樣思考的人不多，像他那樣有耐心去爭論的人也很少，大多人都如我，掏錢了事。阿尼的執著讓我又愛又恨，我欣賞他的耐心，卻又不免認為他有些過度計較。

「試試又沒差。」他老是那樣說。

眼看雙方都不肯讓步，我問他要離開還是付錢？

「我們都來了。」說完，他認命地掏出三十泰銖。

雲來觀景台的入口是一個巨大的竹編愛心，跨過愛心之後，有一條花草與燈籠列隊排開的小徑直通山頂。興許是晚了，觀景台上只剩零星遊人。比起拜縣大峽谷與美茵寺，雲來觀景台的視野更廣，將拜縣與群山一覽無遺。

我們找個角落坐下，等待日夜交替。一旁幾個講西班牙文的嬉皮彈著吉他又唱又跳，為黑夜拉開序幕。拜縣的燈火比我預期的明亮。直到星星跳上夜空，我們才離開。夜風吹動下，入口的燈籠左右搖曳，浪漫又詭譎。

回程，我們在一個偏僻的燒烤攤吃晚餐。阿尼跟我都熱愛只有當地人光顧的小店。我們點了串燒與汽水當作拜縣的最後一餐。繼續上路，冷風吹得人瑟瑟發抖。回到市區，灌了兩杯濃濃的薑茶才回魂。

「對不起。我想一個人去緬甸。」回到旅館後，阿尼說。

「你不需要道歉。」我回，「這樣對我們都好。」

那天早上出門前，我叫阿尼想清楚是否真心希望我跟他一起去緬甸。遇到他不在我的計劃之內，緬甸也不是。我很喜歡他，要跟他去緬甸也可以，只不過很勉強。

自從十月出門以來，我不斷移動了兩個月，遲遲沒靜下來寫書。

阿尼解釋，他後面會有一個朋友從阿根廷到柬埔寨跟他一起旅行。在那之前，他希望有一段自己旅行的時光。我告訴他我可以理解，不用擔心。我們都做了對自己最好的決定。

隔天一早，跟 Nam 告別後，我們就搭小巴回清邁。離開前，Nam 送了拜縣的蜂蜜肥皂給我們當紀念禮。為了避免再度暈車，我吃下一整顆暈車藥。三個多小時的路程，除了記得中途下車上過一次廁所，我再次回神時人已到了清邁。回到 Arcade 公車總站，我陪阿尼去領取他的緬甸車票。利用他上車前的一點時間，我們在附近的一家咖啡店吃午餐。

吃飯時阿尼感謝我的相伴。我並沒有覺得特別傷心。四天前，我們本該分離，拜縣是個多出來的驚喜。離別的時刻還是到了，擁抱接吻後，揮揮手，我們正式踏上不同的旅程。阿尼走向開往泰緬邊界美索（Mae Sot）的綠牌大巴，我走向另一頭，搭公車回清邁古城。

抵達北門的猴子腳趾青年旅舍，辦完入住手續不久，我便昏睡了過去。回想起來，那厲害的暈車藥，肯定也麻痺了阿尼與我的離別傷感。晚上，阿尼傳來簡訊，說他在巴士上結識了一個住在美索的農夫，要到對方的農場作客一晚。

Chapter 05

Workaway 初體驗，去鄉下認識蘭納文化

5-1

什麼都做，就是不寫書

「作家總是千方百計地逃避寫作這件事。」《非虛構寫作指南》的作者威廉．金瑟說。留在清邁的我也如此。我到清邁是為了完成第二本旅行書，但每天卻把行程排得滿滿滿，從早忙到晚，什麼都做，就是不寫書。

清邁是數位遊牧（Digital Nomad）的天堂，消費低廉，有許多美麗的咖啡店，網速也夠快。我嚮往數位遊牧生活已久，早就想在咖啡館裡打混。跟阿尼分開的第一個禮拜，我沈迷於這個虛擬的身份，輪流去數位遊牧出沒的咖啡店報到。

為了避免在數位遊牧裡看起來太過心虛，我嘗試建立一個自己的網站，寫了一篇介紹西班牙街頭藝術家 Iago 與泰國陶藝家 Piya 的

文章，而咖啡館以外的時間，我忙著挖掘清邁的未知。

白天，我到處收集清邁的街頭塗鴉，探訪寺廟，品嚐不同的泰北咖哩麵。夜晚，則常到北門的 The North Gate Jazz Co-Op 坐坐。那是二〇一五年我第一次到清邁時發現的優質爵士酒吧。儘管當初的小眾今日已人滿為患，它依舊是清邁聽 Live Music 最好的地方。

不去北門爵士酒吧的夜晚，我就去看朋友的表演。恰巧，我在尼泊爾認識的加拿大瑜伽老師瑪莉也來到了清邁。長期住在日本九州的瑪莉除了教瑜珈與衝浪，還是個傑出的長笛手。她與同來自九州的民謠歌手河野保美搭檔在此演出。

聽音樂以外，我還出席了 Iago 舉辦的畫展。一個禮拜很快就過去，生活充實有趣，但我的荷包跟寫作進度卻不是。一天總算意識到，再如此下去，很快，我只得打包回台灣。

加拿大瑜珈老師瑪莉與日本民謠歌手河野保美

聖巴東是木雕之鄉

我想起去藍毗尼（Lumbini）的巴士上遇到的以色列情侶。他們打算從藍毗尼跨越邊界，到印度的一所小學 Workaway，也就是當志工。我也需要一個打工換宿的地方來減少生活開支並專心寫作。

我付了四十二塊美金加入 Workaway 這個受背包客歡迎的志工組織，盤算著只要去打工換宿超過三天我就回本了。當我思索要去泰國哪裡當志工時，我最先想到的是泰國南部的海島。在山區待了兩個月，我想念大海。但擁抱大海就無法擁抱阿尼。出發去緬甸前，阿尼說三個禮拜後他會再入境泰北。到底我該積極去過面朝大海，春暖花開的日子，還是等待一個飄移不定的人再現？會不會三個禮拜過後，他已經在緬甸遇到了更有趣的女子？

在感情方面，我有一個老毛病，那就是總投入太快，付出過多。出發去尼泊爾之前，我告誡自己務必要改變。因此，在 Workaway 上應徵工作時，我都以南部海島優先。我很喜歡阿尼，但我得更喜歡自己。

不過，上天或許還是希望我們再見面。泰國度假天堂的打工換宿實在太競爭，成千上百的背包客跟我一樣都想住在海邊。我應徵了三個職缺都得不到回覆。如此，我只好把焦點放回清邁。很快地，我就在清邁以南一小時車程的木雕之鄉聖巴東（San Pa Tong）找到了理想的打工換宿地點。

5-2

卡莎拉蘭納文化民宿

卡莎拉蘭納文化民宿（Kad Sala Lanna Cultural Homestay）首日就把我打扮得如古代泰國人，讓我跟其他義工穿著傳統泰服到小學發傳單，宣傳免費英文課程。半小時後，再前往傳統市場進行採買。又半小時後，坐上皮卡車，伴著夕陽與鄉下的清風回到民宿，結束一天的工作。

我從沒想過，卡莎拉民宿竟成了我在清邁住過最豪華的地方。民宿的建築為泰式大型實木吊腳樓。義工所在的吊腳樓以樓梯分為兩半，各有一房與陽台。房間為二進式，入門後是一張大雙人床，中間有屏風

卡莎拉蘭納文化民宿

與拉門隔開有兩張單人床的內房。衛浴在一樓，吊腳樓被包圍在一個巨大的美麗花園裡，由精緻的石徑相通。

一開始我跟英國來的妮可獨享一房，我們一前一後互不干擾。妮可是個嬉皮，來自靠近法國諾曼第的澤西島（Jersy）。比我大三歲的她，抵達泰國前在印度跟尼泊爾無所事事過日子。「我特別喜歡印度跟尼泊爾男人的眼睛」她說。妮可出現在泰國純粹是因為她的尼泊爾簽證到期必須出境。至於印度，已經待滿了一百八十天的她，也要等隔年才能重返。

清邁的物價比曼谷便宜，但對她來說還是太貴了，所以她打算簽證一下來，就回尼泊爾。

妮可也是我在志工群裡最親近的人，我們不但是教學搭擋，還整天拿彼此的感情故事來笑鬧。我告訴她阿尼的事，她則坦承愛過一個有毀滅傾向的印度人與一個不知道是單身還是已婚的尼泊爾人。一晚她在夜店跟一個義大利人跳舞，自此那個人就天天向她報告自己的行程，讓她哭笑不得。

卡莎拉民宿是個非常美麗的地方，具備一個民宿該有的一切。唯一的缺點是負責人潘蒂拉與楠不擅行銷。這個打著以體驗泰北傳統工藝與鄉間生活為口號的民宿，客人總三三兩兩。為了提高民宿的曝光率，讓鄉村接軌國際，她們邀請世界各地的人到卡莎拉民宿 Workaway。

很快，我跟妮可就多了三個室友。最先抵達的是還沒念大學的美國女孩亞登。來自音樂嬉皮家庭的她，彈得一手好吉他並有獨特的嗓音。趁著進音樂大學之前，她進行所謂的間隔年之旅，從雲南沿著湄公河一路南下，還在泰北邊境的寺廟內觀了一星期。

第二個抵達的是打算以打工換宿方式遊遍東南亞的艾比，二十幾歲的她是美國人。每天早上都可以看到她在花園跑步的高瘦身影。

第三個是卡崔娜，她跟亞登一樣都是學生。身為唯一一個提著行李箱出現在卡莎拉民宿的人，卡崔娜跟我們的隨性明顯不同，來自德國的她更謹慎。一天她突然不適去清邁就醫，我們才知道她先天有一點健康問題，得攜帶藥物旅行。離開卡莎拉民宿前，她跟我說後續會拜訪台灣，但我卻再也沒有她的消息。

卡崔娜本來與美國夫妻檔丹與蘇珊住在另一個義工房，但自從他們的房間被蜜蜂攻佔後，卡崔娜就不敢再住在裡面，轉到我們的房間打地鋪。來自香港的學生馬克也住在那個房間，不過消滅了蜜蜂後不久，他就離開了。馬克被媽媽送到泰國增長見聞。他有一種超齡的成熟與幽默，大家都很喜歡他。

卡莎拉民宿的義工人數多到讓我們意外。不久，奧地利女孩泰瑞莎也加入了我們，她把辭職旅行一年當作給自己三十歲的生日禮物。

丹、蘇珊與馬克是我們那一批最早抵達的義工。在他們三人的帶領下，我們很快就掌握了卡莎拉民宿生活的要點。老實說，很難有其他打工換宿比卡莎拉的工作內容更輕鬆的了。每天我們只需工作三小時，週休一日。週間，早上的工作通常都是整理花園與打掃房間。下午，大多是去市集或學校宣傳免費英文課程。偶爾，也會派一兩組人到小學上英文課。

假日，是義工們的重頭戲。每個週末，卡莎拉民宿都會舉辦英文營。學生依年齡分為大中小三組，每組由兩至三個義工負責。早上的課程注重語言學習，下午的

卡莎拉義工團的日常

課程偏向娛樂性質。我跟妮可負責最調皮的中班，適逢聖誕節與新年將近，因此連續兩個週末我們都活在滿溢地聖誕氣氛裡，教學生唱聖誕歌、製作聖誕卡片、立新年願望。

作為週末辛苦教學的回饋，民宿除了週末免費供餐，每個星期天晚上還會準備泰式料理教學，讓義工自己動手做泰國菜。我最喜歡去不同的市集與夜市發傳單，因為邊發傳單可以邊逛市集，逛完市集，潘蒂拉與楠還會買食物給我們吃。

穿著傳統泰服出現在市集的我們非常搶眼，三兩下就把傳單發光。託發傳單的福，我們幾乎逛遍了清邁周邊的市集，包含泰北最大的聖巴東水牛市集。去水牛市集的那天，我跟著馬克穿梭在市集迷宮般的巷弄裡。

「我們直接先去看水牛，接著再去吃點東西。」他說，「上次來的時候，我傻傻地先發傳單，結果什麼都沒看到。」

每兩個星期六舉辦一次的水牛市集，不僅吸引了聖巴東附近的居民，也吸引了鄰近的僧侶。只見一僧侶搭坐在改裝的小貨車後方，在華蓋下伴著喇叭的誦經聲雙手合十。路過的民眾絡繹不絕向他致敬與捐贈。

省錢，是卡莎拉民宿義工群的共通點。我自認節儉，但在這群義工面前，我只有掛車尾的份。雖知道吃素早已風靡於背包客之間，但三個室友都吃素依舊讓我吃

泰北最大的聖巴東水牛市集

驚。吃素以外，她們的食量之小也讓我活像個貪吃鬼。

好在，丹與蘇珊有個介紹美食的網站，樂於買菜煮飯。卡崔娜則像還在發育般，專門接收大家多餘的食物。如此，我才得以放鬆過日子。說到吃，沒有人比馬克更懂。一次我們去國小上英文課，回程他帶我去買包子，吃完包子又帶我去買路邊烤乳豬。

卡莎拉民宿的生活在悠閒與忙碌中有著完美的平衡。不用工作的時候，我會騎腳踏車到附近的村莊遊晃。一轉眼，兩個禮拜又過去，我的寫作進度依舊沒有動靜。

5-3

搭十趟車去見阿尼

聖誕節與新年的接近在義工群中掀起躁動。大家都在規劃過節地點。有人要跟家人在南部的海島會合，有人確定要留在卡莎拉。我問阿尼是否要一起過聖誕節，他回覆可以在泰北山區的小鎮美斯樂（Mae Salong）會合。

我雖在心裡設想過多次，阿尼若有了別人也很正常。畢竟當初分開時，我們沒有承諾過什麼。不過，我還是很開心聖誕節與新年不用獨自一人。我們也決定泰北之後，一起去寮國跨年。

莎賓娜是卡莎拉民宿合作的塔羅牌老師，每週固定會到聖巴東上一次英文課。她在清邁的瓦洛洛市場（Warorot Market）擺攤，幫人算塔羅牌。為了擴展客源，她想練習用英文向遊客解釋塔羅牌。每個教她英文的義工都有一次免費算塔羅牌的機會。為了公平起見，我們輪流幫她上課。

「我在清邁遇到了一個人，他現在人在緬甸。不久，我們將會再見面。這段戀情會成功嗎？」我問。

「你們之間會有很多困難，但愛會越來越深。只不過，現在你們的心裡都有東西還沒完全放下。」莎賓娜說。

我抽到了好幾張太陽牌。莎賓娜解釋那代表我是一個樂觀與運氣好的人，在事業上會成功。整體來說我的人生富裕而快樂。她說我會有錢，也很捨得把錢給人，晚年我將不貧不富。但感情卻不妙，註定一輩子要跟所愛的人住在不同的地方。我把她的話解釋成我總是在談遠距離戀愛。

「愛情與事業妳選哪一個？」她問。

「我都要。」

莎賓娜強調魚與熊掌不可兼得。若只能選一個，她問我要愛情還是事業？我告訴她若真的只能擇一，我選事業。事業可以依靠但愛情卻無法。

「那就是了，對妳來說，事業比感情優先。」她補充，「妳的前男友都非常愛妳。」

「我知道。」我說，「因為我都對他們很好。」

「命運是可以改變的吧。」我問，「人生最終會怎麼發展難道不是靠個人意志？」

「那是當然。」莎賓娜說。

義工群裡給莎賓娜算過塔羅牌的人都說她算得很準，我的確也深有同感，但我向來不喜歡被算命影響，也不想被他人斷定我的一生。

算命這種東西，不管得出的結果是好是壞，聽了的人都會牢記在腦海裡，被束縛其中，越少碰越好。不用問莎賓娜，我也知道我跟阿尼之間滿是荊棘。一段感情若有結果固然好，但若沒有在該斷的時候好好結束也不錯，沒有一件事情可以保證永不變質。若我繼續往外跑，我還是會遇到那些離台灣千百里遠的人，難逃遠距離戀愛的魔障。

那為什麼我還要給莎賓娜算塔羅牌？可能只是期待有人跟我說一切都會順利而已。

十二月十七日天未亮，我就摸黑走出了卡莎拉民宿的大門。我心知去見阿尼的路不容易，但我沒想到這段不過二百七十公里的路程，竟得搭十趟不同的車才能抵達。

從卡莎拉到美斯樂，得先到聖巴東市區搭雙條車去清邁古城，到古城後搭巴士去清萊，接著由清萊去美佔（Mae Chan），再從美佔市場坐車上山。這路程聽起來不難，但執行起來卻完全不是那麼一回事。中間只要有一個環節出錯，當天就無法上山。

首先從抵達聖巴東市區開始。走在漆黑的馬路上，我像個遊魂。不打算走一個小時到市區，於是只要看到早起的農夫騎著摩托車呼嘯而過我就豎起大拇指。但對聖巴東清晨的農夫來說，我跟女鬼差別不大，他們都過而不停。就在我近乎死心時，一個大膽的阿伯停車載了我一程。

到了聖巴東市區，我轉搭雙條車。太陽從地面升起時我到了清邁。接著，換一台雙條車再度去到了與阿尼分離的 Arcade 公車總站。然而，售票員卻告訴我去清萊的巴士要中午過後才有位置。我若想當天見到阿尼，就非得下午一點前抵達美佔市場，搭上最後一班開往美斯樂的雙條車。而能夠做到那一點的唯一可能，就是搭上第一班開往清萊的巴士。一想到要在清萊獨自度過一晚，我頓覺人生無望。

「妳要不要買票？」售票員對著一臉失魂的我說。

「沒有別的可能提早去清萊了嗎？」我問。

售票員回覆沒有。我認命地買了一張中午的車票，渾渾噩噩走出售票大廳。離開卡莎拉民宿時我充滿了期待，現在僅剩茫然。

車站外，一群計程車司機看到我，問要不要搭車？我跟他們講了我的情況，他們面露同情但都說沒辦法。過了一陣子，一個摩托車司機把我叫回去，說若是去另一個巴士站，坐當地人搭的雙條車還有機會。他提議可以載我過去，條件是我得拿我的車票跟他交換。我知道儘管他嘴上說要把票給朋友，但我確信他會轉賣給其他人。但為了能夠儘早抵達清萊，我只好認賠。

抵達另一個車站後，很快地我就搭上了雙條車。就在離清萊只剩一小時車程時，又在路邊轉搭一台大型公車，終於才在中午抵達了清萊。然而，當我好不容易去到了美佔市場時，已是下午兩點了。最後一班開往美斯樂的車已過。

站在美佔路邊的公車牌下，我滿是不甘，為了到達這裡，我已經搭了七趟車，只要再來一台車，就可以見到阿尼了，就只要一台！

沒想到，還真的來了一台車。語言不通下，我不斷重複美斯樂，美斯樂，司機答應載我到某處換車。我喜出望外，趕緊上車。車上的乘客都是山區的少數民族。車子很快就進入山區，隨著海拔的提升，乘客一個一個減少。當車上最後一人也下車時，我問司機我是否也該到站了？他回還沒到。

最後，當司機把車停進山中一個警察局的停車場時，他才叫我離開。我問他去美斯樂的車什麼時候會來？他說不曉得。我追問到底有沒有車去美斯樂？一樣得到了不知道的回答。

「你不知道還叫我上車？」我說，「現在，我連自己在哪裡都不知。你把我載到這裡來，就得想辦法把我載到目的地！」

但司機沒有理我，逕自走到一旁抽煙。剩不到兩個小時太陽就要下山了，美斯樂連個影都沒見著。就在思考要不要求助警察時，我看到一台載著青菜的小貨卡緩緩駛進我先前坐的雙條車旁。

「請問，你會經過美斯樂嗎？是否可以載我，我沒有車可以搭。」我問從貨車走下來的男子。

「沒問題。但要等我一下，我需要先卸貨。」男子回。

我感激在深山中被撿起，感謝他的巧合出現。原來，美斯樂還在對面的山頭。當我們沿著山脊彎延前往美斯樂時，貨車的主人告訴我他曾到過台灣打工。

「台灣的工作太累了。」他說，「還是回來務農的好。錢不多，但生活比較沒有壓力。」他直接把我載到旅館老闆親戚經營的雜貨店前。

「請問多少錢？」

「不用錢。順路而已。」

我謝過他，揮手跟他說再見。

到了旅館，辦完入住手續，我走在美斯樂的山路上，望著連綿的丘陵與朵朵白雲的藍天，不禁笑了出來。一天內我搭了三趟摩托車，四趟雙條車，二趟巴士與一趟貨車，整整十趟車，才來到這個山中之城。

美斯樂，我終於到了。阿尼，你在哪裡？

「我入境時被耽誤了。」阿尼的訊息這樣寫道。

Chapter 05 Workaway 初體驗，去鄉下認識蘭納文化

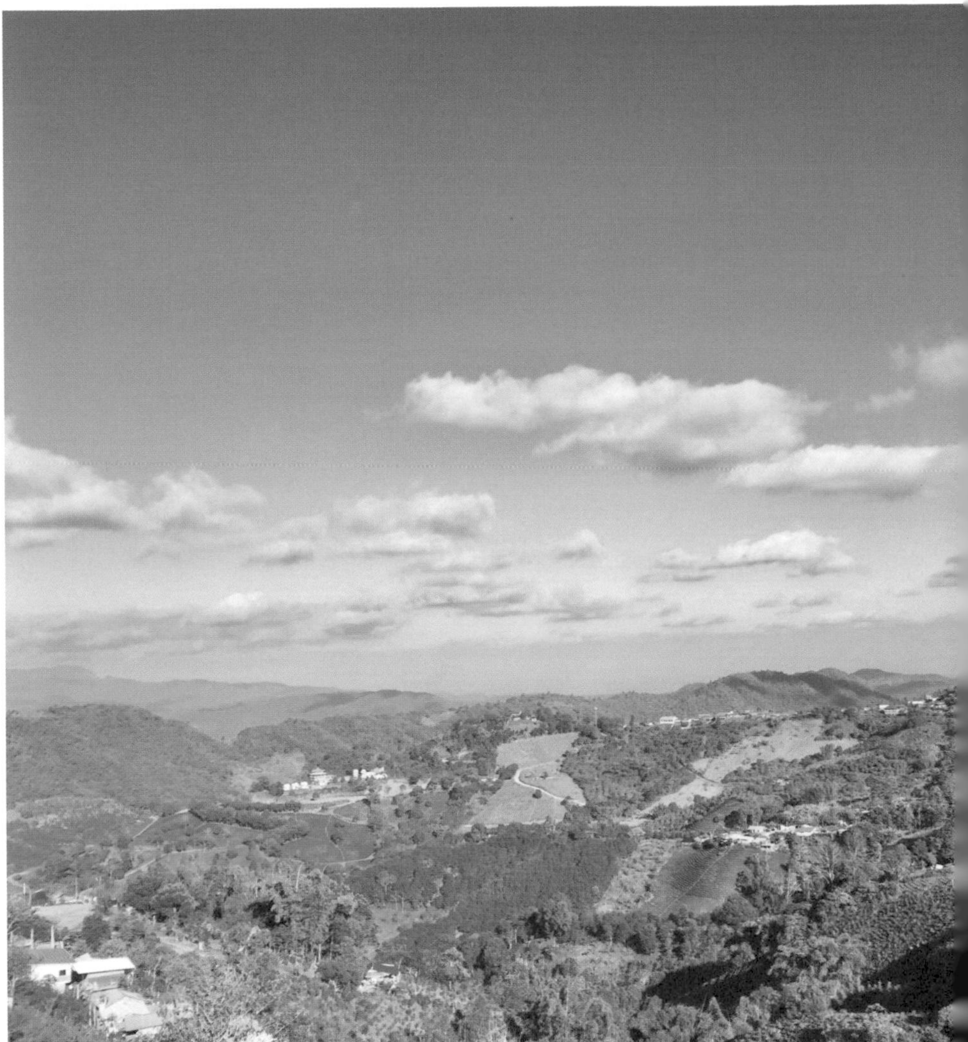

Chapter 06

美斯樂：泰北孤軍與山區部落

6-1 重逢

有時候我不禁懷疑，自己真的喜歡阿尼嗎？與他相處是那樣地毫不費力、沒有揣測也沒有執著。我們之間不管是分離還是重逢都平緩如河水，悠悠向前。

更年輕一點的時候，每次談戀愛我都搞得天翻地覆，時晴時陰，那樣的日子久了，就以為每段感情都得如此。獲知阿尼在泰緬邊境被耽擱時，我最先想到的是又一個無法守約的人。

都說處女座的人有潔癖，過往我總認為那不適用在我身上，後來才意識到自己確實也有潔癖，那就是討厭說話不算話的人。小時候，一次我爸答應要帶我去逛街。那時候去逛街不像現在，騎車三、五分鐘就到。鎮上

美斯樂街上一景

的市集離我們村非常遙遠，得騎上許久的腳踏車再搭船渡江才能抵達。我爸就像天下所有的父母一樣，把帶我去逛街當成一句哄小孩的話。他不知道，那句他遲遲沒有兌現的話會在一個小孩身上留下的陰影。

當體悟到爸爸永遠不會帶我去逛街時，我們之間獨有的連結也消失了。在那之前，一直以來都認為他比媽媽更懂我，後來才發現其實兩個都不懂。遇到阿尼之前，我總與無法守約的人交往，每當約定一件事，對方總有理由無法履約。我想阿尼若也那般，美斯樂之後也就可以說再見了。

我知道是跨越邊境出問題，錯不在他，尤其是在緬甸北部撣邦這個衝突區。但我長久執著於公平二字，且為了準時抵達美斯樂，不惜搭了十趟車。是否，阿尼也該做出努力？就我所知，已經沒有雙條車上山了。

秉著阿尼當天不會現身的想法，我整理情緒，把握天黑之前到美斯樂市集走走。美斯樂是一個比拜縣更純樸的山中小鎮。主廣場四周盡是賣當地蔬果與部落手作的小攤販，遊客不多。穿著傳統服飾滿臉風霜的部落婦女零零落落地坐在酪梨、地瓜與乾葫蘆後面。逛了一圈市集與在附近的小學看了一陣子學生打球後就返回旅館。

「妳的朋友到了喔。」旅館的櫃檯跟我說，「他找不到妳，就把行李先寄放在櫃台。」

「你在哪裡？」我傳訊息問阿尼。

「我在離旅館不遠的咖啡店。」

三個禮拜不見，阿尼沒什麼變且精神比我還好。我告訴他，我本打算精心打扮給他個驚喜。但知道他入境出問題後，也就沒了裝扮的心思。

「妳這樣就很美了。」阿尼對穿著登山靴與登山外套的我說

「我以為你今天不會出現了。連我都錯過了最後一班車，我就想你肯定無法上山。」

「我說過今天會到。」阿尼回，「我跟幾個背包客一起包了一台雙條車上山。就

算無法包車，總還會有其他的辦法。」

阿尼前一晚住在泰緬邊界的小鎮景棟（Kengtung）。由於景棟位於禁止旅客陸路通行的撣邦，他只能從緬甸第二大城曼德勒搭機抵達。好不容易到了景棟，他還找不到便宜的旅館，落得只好跟幾個背包客擠一間套房。

跟我會合的那天，到了邊界他才發現穿越國界還得額外申請緬甸觀光局的許可證。為此，他在邊界耗了許久。

「身為車上唯一的觀光客，只有我需要那張紙，整車的旅客都在等我一個人。」阿尼說，「換成我是他們，我可能沒有那樣的耐心。然而，等待期間，沒有一個人抱怨。真是不可思議。」

晚上八點多，我們出門找東西吃時，山城已經準備休息。最後我們在一間華人餐館吃了晚餐。結帳時，發現餐廳一根香蕉收了我們十泰銖的錢。我們之所以會吃那串放在桌上的香蕉，是因為以為它就像一般的泰國餐廳一樣是免費的，結果並不是。這件事讓我跟阿尼恍然意識到儘管我們還在泰國境內，但也到了一個中文與山地語言比泰語更普遍的小鎮，有著中國村之稱的泰北孤軍聚居地。

美斯樂又稱中國村

6-2 茶廠與阿卡族村

身為泰國金三角的一環，美斯樂曾與鴉片密不可分。一九六〇年代前任泰皇蒲美蓬推動了泰國皇家計劃（Royal Project），輔助泰北山區的少數民族農業轉型，從種植罌粟改為種植蔬果花卉。在這樣的時空下，美斯樂也跟著改頭換面。

海拔一三六七公尺的美斯樂，屬於丘陵地形，氣候涼爽，適合種植茶葉。泰北孤軍的背景，讓美斯樂在台灣「中國大陸災胞救濟總會」的技術援助之下，逐漸從毒品種植區轉為耕種烏龍茶、桃李與咖啡的樂園。

第二天，阿尼跟我打算探訪美斯樂周邊，一窺這有泰北小瑞士之稱的山城。起初，我們考慮租機車移動，可美斯樂租車的價格不便宜，但若單想靠雙腳在山頭間上上下下也太痴人妄想。阿尼便提議搭便車。

站在路邊不久，一台載著竹梯與工具的小貨車把我們拾起。在一二三四號公路的一個轉彎，我們下車參觀一個茶園。結束後，我們便沿著公路旁的岔路徒步。一棟有著廊柱與圓拱的芒崗基督教浸信會教堂出現在一個村落中。教堂的大門深鎖，從窗戶往內看，只見成排的木椅與半圓型舞台，沒有耶穌塑像。一位村民見我們伸頭探腦，就返回教堂下方的矮屋拿出一大串鑰匙把門打開讓我們進去參觀。

我們走進空無一人的教堂，在裡面駐足了幾分鐘，欣賞它的簡約與明亮。宗教無處不在的力量讓我吃驚，美斯樂這樣的深山小鎮竟並立了佛教、基督教、回教與不同的部落信仰，仿如各路神明搶收信徒。

繼續上路，走在人煙稀少的山頭，我們不時被路邊的花草吸引，也試著摘上些青澀的李子來品嚐。阿尼是一個懂得欣賞自然的人，他理解停下來欣賞一棵樹的樂趣，也知道有時無聲勝有聲。他享受跟在地人聊天與在當地餐廳吃飯的滋味。跟他在一起，很多事情不用解釋，自然而然就會進行。

這種自在的相處狀態我從未經歷。前男友跟我分手時，曾說他不知道是否愛我。因為對他來說愛就是受苦，他需要疼痛與煎熬來提醒他活著的感覺。對我來說，我不懂兩人在一起為什麼非得互相折磨。愛情，若不能給予支持與認同，只能帶來痛苦的話，那何必呢？我們都過了好勝與動盪的年紀了。

在一個陡坡，我們遇到一個做完農活踏上歸途的家庭，他們揹著竹簍與小孩，穿著雨鞋一路有說有笑，見到我們兩個外人不由得頻頻回頭張望。接著我們走進茶園旁一家大型製茶廠參觀。

茶廠經理起初僅是茶廠的客人，生意往來久了就跟台灣老闆成為朋友，在茶廠幫起忙來。茶廠的一樓與二樓有比泳池還大的曬茶場，一旁的工人正在剪枝與烘乾茶葉。他細細為我們解說製茶機械、生茶、熟茶與半熟茶的不同。受到如此無微不至的接待，我們心存感激。

爬過一個山頭，路過一所陽春的小學與一個咖啡豆曬場後，我們在一間小咖啡店休息。深山裡有一間水泥搭蓋的文青小店讓我們意外。點完咖啡後，在咖啡店老闆的推薦下，我們到村子上方一位雲南大嬸的麵攤點了涼拌米線作為午餐。坐在咖啡店的屋頂露台上，配著廣闊的山景，我們度過了一段愉快的時光。

下午我們走入森林環繞的山路。森林的盡頭是阿卡（Akha）族的村落。跟我曾拜訪過的拉祜族村落相比，美斯樂的阿卡族村更為現代。平坦的水泥路與鐵皮屋吊腳樓中，偶見兩層紅磚平房。

烈日下的阿卡族村，除了攤在地上曬太陽的狗兒，只剩零星穿著黑色傳統服飾的

美斯樂的台灣茶廠

老婦在吊腳樓下整理穀物。我們借水洗把臉後，就在村中繞了一圈。村尾一群人正在攪拌水泥蓋房。看了看，沒發現有趣的事物，即隨意在村口一個簡陋的涼亭休息。

正當我們打算離開時，一個肩上扛著一香蕉樹枝的阿伯朝我跟阿尼揮手，示意我們跟著他走。我們不明所以地跟在他身後，再次經過了村尾施工的那群人。原來村子最尾端的雙層水泥樓房就是香蕉阿伯的家。

他把香蕉樹幹丟在一樓的豬圈旁後，就領我們上二樓。阿卡族人的水泥樓房，外表雖現代，裡面卻依舊是傳統的樣子，沒有床也沒有桌椅。阿伯高聲通知老婆有客人來了。我們被帶到客廳的地上坐著，不久，阿伯的老婆便送上香蕉與自釀的米酒。

我們四個人面對面，語言完全不通，靠比手

畫腳猜測對方的語意。吃喝過兩輪香蕉與米酒後，阿伯的老婆拿出了一些阿卡族的手工藝品來，有棉麻編織的手鍊、服飾、銀飾與刀具。阿尼跟我馬上就明白對方的意思。

就在我們討論該如何是好時，阿伯興匆匆地從一旁的小櫃子找出一張黑白大頭照。照片裡是一張褪色的歐美臉孔，示意那人以前拜訪過他家。我提醒阿尼不能一直顧著喝酒吃香蕉，得趕緊做些什麼事。

阿尼曾在緬甸參加過一日團，被帶到山中的少數民族村莊購買紀念品，因此對過度商業化的推銷非常反感。不過，眼前的老夫婦倒是頗討人喜歡。儘管一字不懂，他還是花了近一小時分享自己的事蹟，可以感受他們的好客。最後，我跟阿尼買了一對手環才告辭。阿尼說阿伯的手環精緻度遠勝過他在緬甸所買的。

當我們再度回到村口時，阿卡族的小孩剛放學回來。看到小學生的書包都印了迪士尼卡通圖案，阿尼驚訝迪士尼與全世界都沒有距離。

離開阿卡村，我們去到了另一個茶園並拍了幾張照。走路走膩了，便興起搭便車回美斯樂的念頭。一位開著休旅車的牧師載了我們一程。

回到市區太陽正要下山，我們本打算走到三公里山路到一個觀景台看夕陽。不過三公里的連續上坡頗累人，我們只好又豎起大拇指。被一個正要回家的美斯樂青年撿起。

我們抵達觀景台時，那裡已經有一對情侶。沒多久，那對情侶就走了，只剩下我跟阿尼。美斯樂的觀景台是一個能夠俯瞰眾山的涼亭，天上一朵白雲恰巧漂浮在我們前方，而夕陽就在那雲的背後。隨著太陽與山的距離縮短，那朵雲也不見了，只剩一顆發光的金球逐步朝山頭靠攏，一旁月亮已迫不急待高掛天際。

我們拍照玩鬧了一陣子之後，竟被這日夜交替的魔魅時刻激起了濃濃的性致。就在即將進展到一發不可收拾之際，一台車子突然現身於前方的山路，往我們駛來。

1 在阿卡族村香蕉阿伯家作客
2 美斯樂的阿卡族村

我跟阿尼趕緊端正衣襟，不久那台車就停進了觀景台的停車場，一名高僧在兩信徒的陪同之下走出車內往觀景臺上來。

「你不覺得，每次我們想要做些什麼好事時，總會有穿著袈裟的僧侶翩然出現嗎？」我對阿尼說。

「若他能晚一點來，我會更感激。」阿尼小聲碎念著。

原來他們是從南部來觀光的一群人。看完夕陽後，我們詢問是否可以搭他們的便車下山。起初因鑑於泰國有女子不得觸碰出家人的規矩，認為有些不便。好在他們想到了讓阿尼與高僧坐前方，我同其他人坐後座的主意，我們才不至於摸黑步行。

美斯樂的夕陽

6-3

傈僳族的狗肉大餐

第二天我們搬到美斯樂新生旅館著名的紅木屋去。新生旅館在背包客之間盛名廣傳，起初它由一位熱情好客的賀大哥所經營。賀大哥喜歡跟背包客打成一片，他的房價也像專門為背包客而設一樣，低得不可思議。

不過，那都是過去的事了。家家有本難念的經，山區的美斯樂也不例外。當我們住進新生旅館時，旅館已由賀大哥的姊姊所經營，不但氛圍不同，風格雖變精緻，卻也變貴了。姊姊是台灣知名出版社的編輯，名片就大辣辣地擺放在旅館的櫃台上。

有人說賀大哥是被趕出去，不管真相是什麼，背包客們都想念這個老友，盼望他能再造一個背包樂土。賀大哥也不負眾望，在美斯樂另開了一間平價民宿，但這次一樓兼賣台灣火鍋。新店確實很便宜，平均兩百到三百泰銖一個房間。我跟阿尼去參觀時，心想若不是新生旅館給了我們三百泰銖一晚的優惠及更舒適的環境，我們也還是會支持賀大哥的民宿。

不過，參觀完後，卻不免替他擔心。賀大哥的民宿真的就只有「便宜」這個優勢了。在裝潢、環境與氣氛的營造上，顯然是他在出版界工作的姊姊更擅長。對於美斯樂這個旅遊業日漸興盛，旅館日益增多的小鎮來說，他的競爭力已不如過往。

以前，賀大哥經營新生旅館，旅館紅色的吊腳樓本身即一大特色。但現在他改在一棟普通的兩層透天厝重新營業，優勢少了大半，若硬體再沒有改善，他的民宿遲早會被淘汰。更不用說我們拜訪的那天，遲遲不見賀大哥出現，也無人出來接待。最後，在一個鄰居的幫忙之下我們才得以參觀房間。

隔天早上，阿尼提議去參觀泰北義民文史館。儘管身為一個台灣人的我，對泰北孤軍的歷史可能不比阿尼更懂。泰北義民文史館的建築是典型的清代宮廷建築，分為三大廳，一廳展述泰北孤軍歷史，一廳是英烈紀念館，一廳陳列台灣對孤軍的援助。

國共二次內戰後，一九四九年不願投降共產黨的國民軍在李彌與余程萬的率領下一路退到泰北。一九五三至一九五四年與一九六〇年在國際壓力之下，部分孤軍分批撤退去台灣。那些不願來台的就在段希文與李文煥的帶領之下繼續留在美斯樂。

為了取得在美斯樂的合法居留權，孤軍替泰國政府打擊泰國共產黨作為取得泰國公民的交換條件。然而台灣政府對滯留的孤軍感到虧欠，便長年援助。我跟阿尼在孤軍的歷史展廳停留了許久，阿尼比我這本國人對台灣歷史更有興趣。

參觀過泰北義民文史館後，我們去拜訪另一個少數民族傈僳族（LiSu）。與阿卡族相比，傈僳族的村莊位於更遠的山頭。阿尼跟我只好重操舊業，在路邊豎起大拇指。

美斯樂居民慷慨地又拾起了我們。翻越了數座山頭後，我們在一個有水果攤的路邊下車。並買了一些黃色百香果來吃。接著，發現傈僳族村還有一段距離後，兩人只好又搭了一趟便車。

我們抵達Ban Haygo村口時已是下午兩點多。火熱的太陽燒得我跟阿尼渾身無力，可傈僳族村離大馬路還有超過一公里的距離，得徒步抵達。好不容易等我們進入村中時，阿尼竟身體不適癱坐在村裡的泥徑上。我也餓得兩眼昏花，但比起已經進入休眠的阿尼我尚且能動。

囑咐阿尼留在原地後，我開始在村中找尋可吃飯的地方。傈僳族人白天多外出種田去了，我在一間水泥房內發現一個正在織布的大嬸，對著不懂英文的她硬是比了半天的手勢她才知道我要吃飯。她比劃叫我往下村走，走到了她說的地方後，發現那裡並沒有東西可吃，只好又往回走。中途，我逐家勘查，才在一間簡陋竹屋發現一個正在吃飯的壯年男子。我向他比了用筷子扒飯的動作，他示意我進去。

我高興地跑回去通知阿尼這個好消息。很快我們便就坐進了男子家小小的廚房。男子叫勇瑪，會講一點英文與中文。我們表示想在他家吃午餐，他問我們吃狗肉嗎？阿尼一聽以為他要殺一隻狗給我們吃，大驚失色。勇瑪表示狗肉是早已經煮好的，他把桌上的那碗肉端到我們面前，又指了地上的一個臉盆說，那些都是。

我跟他表明我們不吃狗肉，他就請老婆拿出花椰菜與木耳炒豬肉給我們吃。勇瑪那間竹屋到處是縫隙，廚房內除了我們坐的幾張小矮凳與一張方形小桌，門口還有一張簡陋的床給他媽媽睡覺。幾個鍋碗瓢盆掛在竹牆上，沒有瓦斯也沒有爐灶。煮飯時鍋子就放在一個圓形的鐵架上，下面燒柴，水得從外面取。

1 泰北義民文史館
2 在傈僳族村勇瑪家作客

等待飯菜期間，勇瑪不斷鼓勵我們嘗試狗肉。阿尼率先跨出一步，拿起白色瓷碗裡的黑色肉片放進嘴裡。勇瑪見狀，加緊從地上的臉盆夾出更大塊的帶皮肉放到我們面前。順利吞下一塊的阿尼，也慫恿我吃看看。都說狗肉是香肉，我實在不予置評。

勇瑪表示不是村中所有人都吃狗肉，那隻他殺的狗已經五歲了。阿尼解釋狗對不同民族與不同地區的人來說有不一樣的角色。對西方人而言，狗是寵物是朋友，對部分亞洲人來說，狗只是牲畜，跟豬沒兩樣。他能理解有人吃狗肉。

以前，曾有人問我若遇狗肉料理吃不吃，我說太殘忍了，不吃。他問憑什麼我認為吃狗肉不行，吃豬肉就可以？他說豬可以當寵物，也不比狗笨。當下我無法反駁，他並沒有說錯。今日，我會回答單純只是文化習慣不同。

勇瑪曾在清萊唸書學中文。他有一個在傈僳族村住過多年的外國朋友，所以也會英文。勇瑪老婆的手藝讓我們驚豔，在如此陽春的條件下她還能做出美味的料理，讓人佩服。

吃飯期間，阿尼三不五時就偷渡狗肉到我的碗裡，讓我哭笑不得。在村中找餐廳時我曾看到一間教堂，便問了勇瑪傈僳族的信仰。勇瑪說傈僳族本是祖靈信仰，後來才改信基督教。他答應吃完飯後，帶我們去參觀一個還有祖靈信仰的家庭。

美斯樂的少數民族，包含阿卡族、拉祜族與傈僳族都是從雲南遷移而來。與泰北孤軍相比，這群人遠在數百年前就已經落腳泰緬邊界。他們的習俗與雲南的少數民族一脈相承。傈僳族的祖靈信仰跟華人的祖先崇拜很像，都是在家中搭蓋一個祖先牌位，焚香敬酒。我們去參觀仍保有祖靈信仰的那個家庭時，地上的一個火爐正在烤竹筒飯。

勇瑪本打算讓他的兒子開車載我們回美斯樂，可惜兒子忙著約會去了。我跟阿尼謝過他，並給了他一些錢當作餐費後就告別了。吃飽飯，回升的血糖振奮了我們。走到村口碰到一條狗時，阿尼已經有了開玩笑的閒情。

「妳說，牠會不會知道我們吃了牠的朋友，找我們復仇？」阿尼看著那隻黑狗問。

「你竟敢吃了我的朋友，看我還不咬你！」我作勢朝阿尼的手咬下去。

我們都不是慣吃狗的人，因為沒有體驗過，我們嘗試了。可那畢竟不是我們的文化。打鬧過後，阿尼跟我有一股難以言喻的情緒。

搭便車回到市區時，又到了看夕陽的時間。阿尼跟我打算到美斯樂的至高點，詩納卡琳佛塔（Sinakarintra Stit Mahasantikhiri Pagoda）看日落。詩納卡琳是前任泰皇蒲美蓬的母親，該佛塔乃是為了紀念她而建。夜晚，從美斯樂往後看，可以看到它像一座發光的金字塔聳立在山頭。

阿尼跟我在美斯樂搭便車搭上了癮。才走幾步路，我們就覺得佛塔疑似遙在天邊，迫不及待又豎起了指頭。結果，上車後屁股都還沒坐熱，就到達了目的地。下車後我們只好急忙跟車主致歉，目的地就在一個轉彎之後。

美斯樂之行，在我們爬上七一八級階梯到詩納卡琳佛塔時漸入尾聲。隔日，我們本想搭雙條車下山，但當揹著行李出現在約定的地點時，答應要載我們的雙條車已不見蹤影。

「搭便車？」阿尼跟我互看了一眼後，有默契地開口。

Chapter 07

清萊三部曲

7-1

黑屋

在清萊繁忙的大馬路上，我們打算再攔一台車去黑屋。大城市不比小山城，大家都匆匆忙忙，過而不停。等了一段時間，一台載著一家三口的小客車才讓我們擠上車。

那是一個充滿藝文氣息的家庭，載我們去黑屋之前，主動先帶我們去泰國陶藝家宋路克·潘帝邦（Somluk Pantiboon）的工作室，紅土山丘（Doi Din Dang）。宋路克·潘帝邦是世界級的陶藝大師，作品跨足不同國家的博物館展出。至日本拜師學藝的他，作品低調內斂，到處可見不完美即美的日本美學痕跡。遵循清萊藝術家慣有的傳統，成名後他也回到家鄉創立工作室，傳授村民陶藝。

黑屋的主建築如黑色火焰，尖得發亮的飛檐

1 泰國藝術家塔萬・杜卡尼的黑屋
2 塔萬・杜卡尼收集了大量的動物骨頭、獸皮與獸角
3 陶藝家宋路克・潘帝邦的工作室，紅土山丘

以銳利的三角形刺向天空。兩旁的綠樹讓柚木蓋成的蘭納建築越發美麗而衝突。從蕾絲般精緻的木雕大門望進去，一尊純白的佛像現身屋內，像漆黑世界的救贖。

黑屋是結合簡潔與繁複的私人美術館，由泰國藝術家塔萬·杜卡尼（Thawan Duchanee）創立。杜卡尼以融合中國水墨技法的羅摩衍那系列聞名於世，是個集畫家、雕塑家與建築師於一身的天才。就像多數的泰國人，杜卡尼也是虔誠的佛教徒。佛教慣言凡事有陰陽兩面，有白及有黑，杜卡尼選擇用黑來詮釋藝術與信仰。

可惜不是每個人都能夠接納他的表現方式。就像常人為藏傳佛教密宗的恐怖相所震懾，七〇年代的泰國人也被杜卡尼的藝術激怒，認為他褻瀆佛祖而搗毀他的作品。畢竟傳統佛教講求乾淨、清晰與平靜，杜卡尼卻偏愛瘋狂、情色與暴力。

走進黑屋主廳，裸露性器官、肌肉噴張的大型人獸木雕放眼皆是。毫無疑問，杜卡尼的雕刻神乎其技，他對美與力的掌控無與倫比。但除此以外，還有那無處不在的恐怖。長桌上，橫躺著一張巨大的鱷魚皮，兩端由水牛角與鹿角組成的椅子如刑具。噴張的魔獸、動物皮骨加上烏黑的樑柱，在廳內營造出強烈的壓迫感。使人在驚奇之餘，也難以喘息。

離開主廳，我們經過一間牆上掛滿木製陽具的展示廁所。接著在一棟吊腳樓黑屋下方，我們去到了一個像動物墳場的空間，看到了更多的骨頭、獸皮與獸角。我無法欣賞杜卡尼的藝術品味。儘管每一棟建築我都喜歡，對他精緻張揚的雕刻與對比強烈的畫技也深感佩服。但我無法在一堆動物殘骸中假裝很愉快，更無法體會陳列大量動物皮骨的「創意」。阿尼也有同感。

參觀了三、四棟不同的黑屋後，我們在草坪躺下休息。一名年輕曼妙的泰國女子恰巧同一身型走樣的中年西方男子經過。阿尼認為他們之間不單純。我問他憑什麼認定對方不是因愛結合的戀人或夫妻。他以可能性太低為由反駁。我認為沒有什麼是不可能的，就像收集了數以千計動物頭骨與獸皮的杜卡尼是佛教徒一樣。

清萊的第一晚，如同大多遊客，我們也守候在鐘樓四周，等待晚上七點、八點與九點的燈光秀。清萊鐘樓是泰國藝術大師許龍才（Chalermchai Kositpipat）的作品，有他一貫細膩夢幻的風格。位於市中心圓環的鐘樓，除了有定時燈光秀還會播放音樂。看完燈光秀，我們買了泰式可麗餅，攤販老闆娘俐落的桿麵手法，看得我們目不轉睛。一項簡單的手藝練到爐火純青時，它就是一門藝術！

夜晚的清萊鐘樓

7-2

白廟與藍廟

第二天，為了能夠安靜欣賞仙氣十足的白廟（Wat Rong Khun），一早我們租了機車就去等它開門。二〇一五年，一個朋友曾跟我說白廟是他最喜歡的廟宇，充滿了創意。可惜一直要到我跟阿尼站在白廟前我才能體會。無瑕的草皮中，立著一棟從圍欄、橋樑到主殿都潔白如雪的精巧寺廟。鑲了銀色鏡片的建築，在陽光下閃閃發光，如活起來向天際蔓延。寺廟前方，一池水倒映廟宇，鏡花水月。

白廟是許龍才的畢生之作，與他的徒弟杜卡尼相反，許龍才呈現的是佛陀的純淨與其照耀宇宙的智慧。陰陽八卦裡，他選擇陽相。同杜卡尼，許龍才也是叛逆的藝術家，以他自己的方式展現佛理。白廟主殿入口，兩個巨大的獸角前，旅人得先經過蓮花內的輪迴之池，池內百手爭搶象徵財富的陶缽，細看，一片素手中，一隻塗了紅色指甲油的中指極為刺眼。另一邊，腐蝕的臉孔裡，一隻手偷偷比了勝利手勢。

踏上八卦橋，通過輪迴之池，死神與拉胡天神怒目相斥，提醒世人勿耽溺貪癡慾念。繼續前進，放下塵世種種走上那伽拱橋，過了天堂之門，主殿就到了。許龍才喜歡流雲，任何細節皆以流雲收尾，讓整座白廟像隱隱作動，向上飄升。

泰國寺廟慣於在主殿入口作地獄繪。許龍才的白廟也如此，只不他的地獄裡盡是超人、哈利波特、哆啦A夢、凱蒂貓、皮卡丘、《駭客任物》的尼歐等「他認定的」虛假偶像。一反慣有的素色，許龍才把白廟唯一的色彩獻給了地獄，那個我們生存的世界。

主殿兩側相較起入口的地獄繪，呈現的是成佛之道。許龍才的佛像極素、極雅與極祥和，看著看著心自然就平靜了下來。白廟最出色的地方在於一體感，小至欄杆雕花，大致數尺高的護法，沒有一個細節被輕忽，也沒有一個地方多餘。如佛光普照是對白廟最好的描寫。不同於黑屋的壓迫，這裡的寧靜祥和，讓人仿佛可以在裡面待上一世之久。

離開白廟，我們在路邊吃到了阿尼期盼已久的泰北小吃 Nam Ngiao。阿尼能夠接受豬血湯麵讓我十分意外。除了吃血腸的法國人，

白廟是泰國藝術大師許龍才的畢生之作

大多西方人看到血通常就倒退三尺。

吃過午餐，我們去到清萊以南三十公里的坤功瀑布（Khun Korn Forest Park Waterfall）。坤功瀑布位在濃密的森林裡，高七十公尺，是泰北最大的瀑布。比起瀑布本身，我們更喜歡從入口到瀑布那一．四公里，老樹參天與小溪潺潺的路程。坤功瀑布的人不多，抵達之後我們就換泳衣下水。不過，山裡的水溫實在太低，沒多久便投降上岸。

離開坤功瀑布，我們去了如詩如畫的聖獅公園（Singha Park）。這個二〇一二年開幕的休閒農場，本規劃只種啤酒作物，後轉型為結合茶園、花園與動物園的複合農場。我們想在那裡用餐，可惜預算只夠吃兩球冰淇淋。

回到清萊市區，我催促阿尼去二〇一六年才完工的藍廟。阿尼認定泰國沒有其他寺廟比得上白廟進而動力低迷。我費盡口舌，才讓他在夕陽下山前載我到藍廟門口。

藍廟以金藍二色為主，貴氣逼人。入口超過十公尺高的兩尊那伽生動有力，像極了龍王現身。藍廟的設計師普塔．卡伯喬（Phuttha Kabkaew）也是許龍才的徒弟，參觀者很容易在藍廟看到白廟的影子。

毫無疑問，藍廟是一座美麗的寺廟，不過，在美學層次上它遠不及白廟與黑屋。藍廟最可惜的地方在於不懂少即多，細節造就整體的概念。以主殿來說，除了藍金二色彩繪，殿內還有過度繁複的金框佛陀故事。複雜的紅綠雙色地毯與樑柱底部及佛臺前多餘的裝飾，都減損了它的氣質。在佛像的造詣上，它的塑像也略顯匠氣。

晚上，我們去逛清萊觀光夜市，阿尼突然興起了吃魚的念頭。他先買了幾塊垂頭喪氣的壽司。吃完不過癮，又在烤魚攤中流連忘返。然而，夜市的海鮮對阿尼來說幾乎等同食物中毒的代名詞，他宣稱十個吃海鮮，九個肚子出問題。矛盾的是他又抑制不住對海鮮的渴望。

後來，我們又去到一個傳統夜市，受不了他婆媽的我就買了一條烤魚。哪知吃了烤魚後，他對魚的渴望有增無減，叨唸著要吃泰式清蒸檸檬魚。但餐廳的清蒸檸檬魚一條要價兩三百泰銖，我們負擔不起。

就在近乎放棄時，在一個外帶熟食攤我們成功地搶下了最後一塊清蒸檸檬魚。阿尼巴巴地望著我手裡的魚問沒有餐具要怎麼吃？我跟他說總會有辦法的。老實說，我從來不知道自己可以厚臉皮到不買東西卻敢跟對方借營業用的餐具。興許是看我倆提著一袋魚卻不能吃怪可憐，那攤販老闆娘竟好心地洗了一隻湯匙來。站在騎樓的角落，阿尼跟我拉著塑膠袋用一根湯匙輪流吃魚。攤販老闆娘見狀，便又拿了一隻湯匙跟一個碗過來，並指示我們到一旁已經收攤的攤位上吃。

「不擔心食物中毒了？」我挑釁地問阿尼。

「中毒的話，我們就延後去寮國吧。」說完他迫不及待地把湯匙往碗裡伸去。

藍廟的那伽生動有力，有如龍王現身

7-3

告別泰國

認識阿尼之前，我沒想過這趟旅程會踏入寮國。

史坦貝克曾說：「不是人在旅行，而是旅行在引導著人。」旅行由不得我掌控，它會如何發展自有它的邏輯，我只能追隨。既然，我已經做了那麼多超乎預料的事，再多一件又何妨。

天還未亮，阿尼跟我就到清萊公車站，準備搭早上六點的巴士到邊境小鎮清孔（Chiang Khong），從那裡入境寮國。走這條路線的背包客，大多打算從寮國的會曬（Huay Xia）搭兩天一夜的慢船，順著湄公河去東南亞最美的城市，世界遺產古鎮琅勃拉邦（Luang Prabang）。

那天的運勢，從我趕車扭到腳就透露了一些端倪。好在中筒登山靴讓我的腳踝儘管發出啪的聲響，卻沒有斷掉。巴士行駛了約半小時後，太陽從天際升起。阿尼突然想到他忘了取回身份證。前二天跟旅館租機車時，他把證件壓在櫃檯，還車時櫃檯忘了退還。

我問阿尼要不要下車折返，他說已經太遲了。起初，他認為只要有一個信得過的人把身分證銷毀，避免被盜用即可。然而後來，他發現護照的空白頁所剩不多，若要繼續旅行勢必得換護照，那時就會需要用到身分證。

我提議到邊界跟別人借電話打回旅館，請旅館的人先幫忙保管身份證。旅館做生意講求聲譽，不至於會盜用客人的證件。下車後，我們幸運地找到了一個願意借電話給我們的雙條車司機，旅館也承諾會保管好阿尼的身份證。

我想到卡莎拉民宿的義工艾比也會到清萊與寮國，就請她幫忙取回阿尼的身份證，我們再相約寮國見面。後來，艾比確實去清萊幫阿尼取回了身份證，只不過，到了寮國，我們一直找不到機會與她會合。不得已，阿尼只好叫艾比把他的身份證帶到下一個他將拜訪的國家。就這樣，某天，阿尼的身份證被發現張貼在馬來西亞某間青年旅館的公布欄上，但那是另一個故事了。

出境泰國只要蓋個章，但要抵達寮國還得搭上一趟巴士通過友誼大橋。到了寮國海關，填寫簽證表付了三十塊美金，我們就拿到簽證入境。泰國與寮國僅一湄公河之隔，文化相交相容，我們萬萬料不到還會有文化衝擊在前方等著。

Chapter 08

湄公河上的兩天一夜漂流

8-1

開往琅勃拉邦的慢船

二〇一二年在雲南德欽，我曾沿著湄公河的上游瀾滄江走進雨崩村。在高山峽谷之中的瀾滄江，黃澄澄，河面不寬，跟寮國的湄公河有如前世今生，截然不同。瀾滄江的「瀾滄」一詞源自寮國史上首個統一的瀾滄王朝。在中國、緬甸、寮國、泰國、柬埔寨與越南六國裡，湄公河在寮國的水域面積最廣，有二〇．二萬平方公里。

從會曬海關搭車前往碼頭的路上，我們認識了一對長住在香港的英國夫婦，語言老師夏南與藝術家大衛。會曬到琅勃拉邦的航道總長三百公里，搭乘慢船需要二天一夜，中停北賓（Pakbeng）一晚。

1 會曬碼頭
2 湄公河上的水上人家

抵達碼頭買完船票，眼見離開船的時間還早，大衛跟夏萳便俐落選定一個路邊攤吃飯。我跟阿尼決定到碼頭上方走走，看是否能發現些什麼。結果什麼也沒有，空曠的馬路上，僅有幾間小店營業。我們攔下一個挑著兩桶豆花的大嬸，買了一碗薑汁椰奶豆花，坐在還未營業的咖啡廳露天桌椅上吃。大嬸蹲在一旁耐心地等我們吃完把餐具還給她。

回到碼頭，我們在大衛與夏萳推薦的路邊攤吃午餐。寮國的小吃與泰國相差不大，阿尼在菜單上看到他熟悉的清湯河粉馬上就點了一碗。一反西方人對湯麵的畏懼，阿尼是個可以把它當成早餐吃的狂熱愛好者。

開往琅勃拉邦的慢船，除了船組人員與幾個寮國農民，三十幾名旅客中只有我與一個拿著有毛主席畫像馬克杯的中國背包客是東方

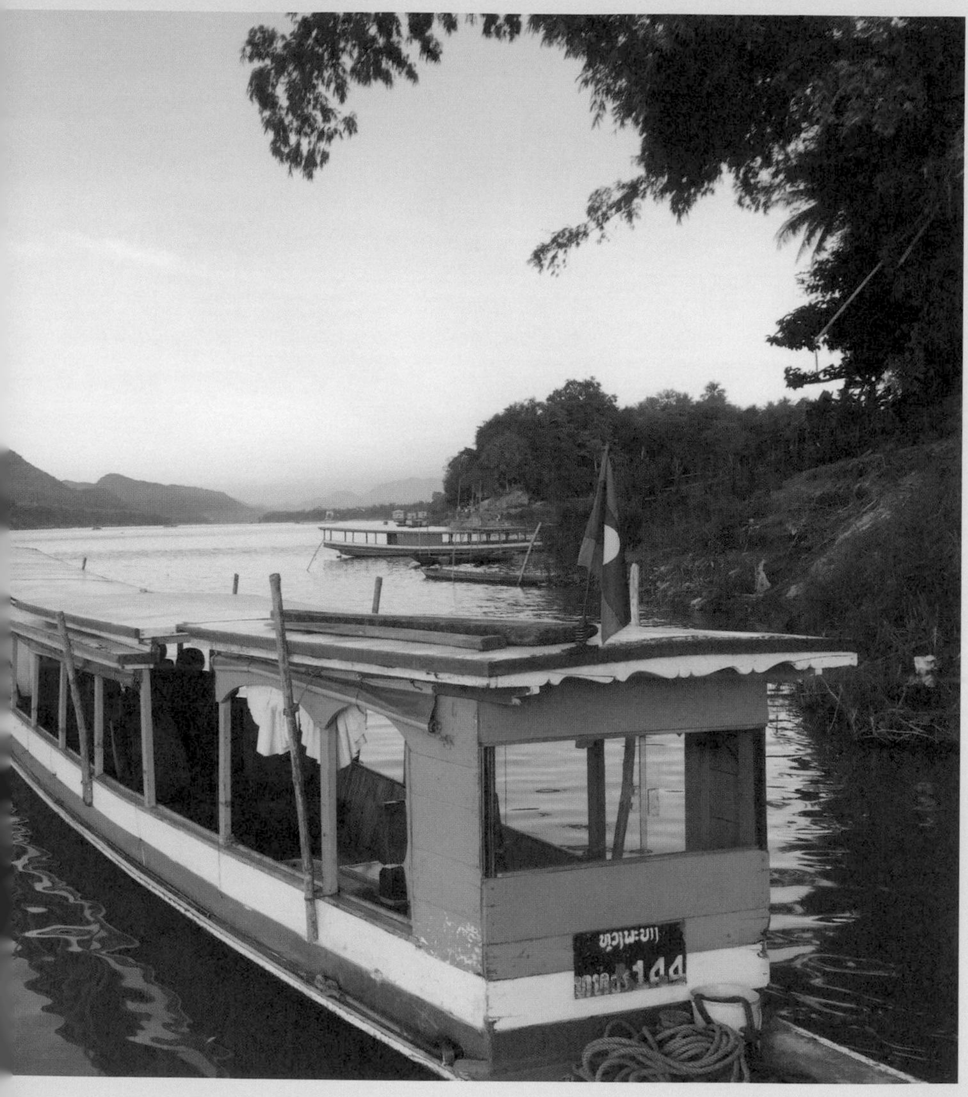

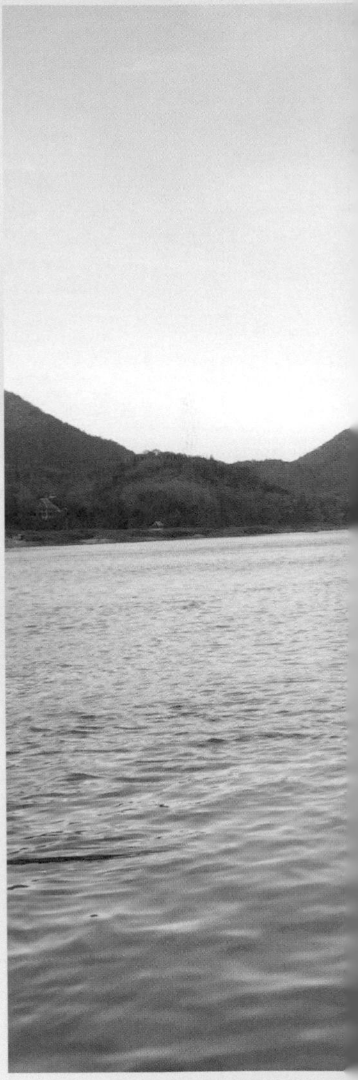

臉孔。數年背包旅行經驗，讓我已習慣了這樣的場面。在印尼、泰國、尼泊爾與馬來西亞的旅行中，總甚少遇到獨行的亞洲背包客。阿尼說比起東方，我更偏向西方風格。他說得沒錯，畢竟，我還沒有跟亞洲背包客同行的經驗。

開往琅勃拉邦的慢船使用老舊的汽車椅當作椅子。早到的背包客發現椅子沒有固定在船板上，趁機擴張自己的座位，伸展雙腳。以至於，我跟阿尼這種晚登船的倒楣鬼，不但只能撿靠近馬達的位置，還只剩坐下後膝蓋會頂到前方椅背的空間。見我叫前面的人挪動椅子，處境也比我們好不到哪裡去的大衛夫婦露出了無奈的苦笑。

慢船是一艘簡約的長板船，船上百分之七十的空間都是座位區。登船時，乘客會得到一個裝鞋子的塑膠袋，行李則統一被集中在機房的艙板下。船上有一個簡陋

的洗手間與陽春的小賣部。

搭乘慢船不是唯一從會曬抵達琅勃拉邦的方法，不過卻是最放鬆的一種。會曬到琅勃拉邦的河段平緩且景色優美，沿途闊葉林、香蕉與椰子樹在兩岸交雜出現，村莊低矮的鐵皮屋若隱若現於樹梢，烈日下水牛與小孩都跑進河裡納涼。比起泰國，被湄公河從北到南貫穿，身為中南半島唯一內陸國的寮國，才是真正依山傍水的國家。

坐在船上隨著水流游蕩無所事事對我跟阿尼來說相當難得。我們都是閒不下來的人，雖然旅行步調不算快，卻一地接一地，馬不停蹄。那樣的日子久了，負擔也不小。我們很珍惜能夠在河上耍廢兩天。

湄公河沿岸風景

8-2

北賓

午後灼熱的陽光灑進船艙，把坐在外側的我曬得頭昏腦脹。相對之下坐在內側的阿尼則老神在在，沈穩地讀著《風之影》西班牙文版電子書。阿尼提議若我看不下書，可以用他的平板看電影。在他的推薦之下我看了《極簡主義：記錄生命中的重要事物》。

看完電影，阿尼問我心得。我告訴他背包旅行就是一種極簡主義的練習。假如我們把廉價航空七公斤的機上行李限制作為生活標準，旅行的時候就不會有過多的東西。若我們能夠靠一個七公斤的背包生活三個月，就可以靠一個七公斤的背包過一年。能夠過一年就能夠過一輩子。我們需要的遠比我們想得要少。

電影裡有一個故事，講一名年輕人進入著名的會計師事務所打拼了幾年之後，一天終於被升職為合夥人。獲得夢寐以求的職位，讓那名年輕人不禁落淚。只不過他哭不是因為高興，而是意識到接受這個職位也代表著他的未來將會完全被困在

湄公河沿岸兜售紀念品的寮國小孩

公司，一如他的上司，但這不是他想要的生活。

阿尼也有相似的困擾。以常人的標準來說，他在阿根廷的生活其實相當不錯。有自己的小公寓，也有一份體面的工作。這樣的一個人，卻在三十幾歲的事業關頭，選擇留職停薪，出門背包旅行一年。

阿尼不確定旅行結束後，是否要回去原單位上班。他怕一回去就再也離不開，捨不得那裡的薪水與職位。我問他若不當律師，他想做什麼？他說不知道，也許，是時候該開始思考了。

阿尼喜歡他的工作，卻質疑自己能夠為社會帶來什麼貢獻？我提醒他難道當他抓到從事經濟犯罪的證據時，不也是一種貢獻？比起已經在煩惱社會貢獻的阿尼，我還在擔憂如何養活自己。我認為把自己照顧好、活好，不給他人帶來麻煩就是最大的社會貢獻了。

相較於我們，那些抓緊機會在船靠岸時兜售紀念品的寮國小孩又在煩惱什麼？每天看著載滿觀光客的船從自家門口經過，他們會不會想旅行，還是能不能填飽肚子就已經佔據了他們全部的心力？

「沒有預訂旅館的人請舉手？」船長突然打破寧靜。

幾個人跟我們一樣舉起了手，大衛跟夏萳上船前就已經訂好了在北賓的住宿。

「北賓碼頭的人都是騙子，他們會想盡辦法詐取你們的錢。」船長激昂地說，「記住，下船時千萬不能把背包給他們。為了協助大家，我們提供訂房服務，乾淨舒適的雙人房一晚只要 XXX 基普（Kip），有需要的人請在表格上登記。」

我在網路上查到北賓碼頭有很多旅館的人拿著牌子招攬客人，各家旅館都大同小異，抵達後再詢價不遲。相對地，船長身為寮國人卻盡說寮國人的壞話，更顯可疑。坐在我們旁邊的女孩表示她也不相信船長，打算到北賓再找住宿。

傍晚五點多，慢船停靠北賓碼頭。果然，就如網路上所言，碼頭上有許多等待客人的旅宿業者。拿到行李沒多久，我們就跟幾個女孩上了一台小貨車，以便宜一半的價格入住了船長代訂的那間旅館。

晚上，伴著燦燦月光，我們去到了門口寫著：「今日特餐：用兩瓶啤酒的價格買一瓶啤酒，第二瓶啤酒保證免費贈送！」的 Hive 酒吧跟大衛與夏萳會合。酒吧內人不多，我們翻開酒吧的菜單，發現又是印度料理。不知道什麼原因，北賓的街上有好幾家印度餐廳。Hive 酒吧的印度料理是從著名的哈珊餐廳（Hasan Restaurant）直接外送。剛去那裡用過晚餐的大衛跟夏萳，推薦我們一試。

寮國啤酒（Beerlao）是一個美麗的混血兒，由寮國茉莉香米、法國麥芽、德國啤酒花與酵母釀製而成，酒精濃度從五%起跳。對於熱愛啤酒的背包客來說，寮國啤酒與泰國的象牌（Chang Beer）、豹王牌（Leo Beer）啤酒完全不同等級，身為世界十大啤酒之一的寮國啤酒有著王者般的尊榮地位。

大衛與夏莆因長居香港，常到中國旅行。跟我一樣，他們最喜歡的中國城市也是雲南大理。起初，夏莆從未想過到亞洲工作，是一個朋友先到了香港教英文，她才在朋友的鼓勵之下離開英國。藉由在亞洲之便，他們走遍了東南亞，與我們相遇時已是他們第二次拜訪寮國。

那晚，興許是有朋友作伴，阿尼難得多喝了幾杯。還在泰國的時候，我就發現阿尼不熱衷酒精。平時，他喝一罐四九〇毫升的啤酒也就差不多。北賓天黑得早，大家也睡得早。散會時，整個村莊已全然靜默。

著名的寮國啤酒

8-3

寮國的法式三明治

第二天，我們學會了分工合作，一人去船上佔位子，一人去採買餐點。從會曬開始，我們就喜歡上東南亞風味的法式三明治。這種法式三明治是法國殖民的遺風，在柬埔寨、越南與寮國等被法國殖民過的國家十分常見。

跟正統的法國長棍三明治不同的是，寮國的長棍三明治會加入香菜、小黃瓜與美乃滋。法式三明治好吃的關鍵在長棍麵包，北賓的三明治是阿尼特地跑去麵包店買的，特別好吃。

第二天的湄公河漂流與第一天相比，航程更久。沿途我們看到了一艘斷成兩截的沈船與一艘有茅草屋頂的漂亮柚木觀光船。河道上，小型快船不時轟隆隆急奔而過。網路上不推薦搭乘快船到琅勃拉邦，一是價錢昂貴，二是意外頻傳。

當阿尼繼續讀《風之影》時，我則看了安潔莉娜·裘莉所執導的《他們先殺了我父親：柬埔寨女孩的回憶》。一九七五年，當赤柬軍隊進入金邊，逼迫柬埔寨人下鄉勞動時，一旁的寮國正要結束從一九五三年開始的內戰。北越和寮國人民黨取得了勝利，共產武裝組織巴特寮推翻了君主立憲的寮王國，建立了寮國人民民

琅勃拉邦街景

主共和國，也就是今日的寮國。

越戰期間，美國把寮國當作北越的補給線，在寮國上空投鄭了二百萬噸炸藥。而二戰期間，美國在各地所投下的炸彈總數也不過二百萬噸。落到寮國的炸藥裡，有三十%屬於未爆彈。戰爭過後，那些未爆彈仍然持續造成上萬死傷。

阿尼偏好人生突逢轉折的電影，例如《白日夢冒險王》裡一夕之間從一成不變的人生進入冒險旅程的華特．米堤。關於音樂，阿尼彈奏一種比烏克麗麗稍大的迷你吉他。他欣賞為《斷背山》、《阿拉斯加之死》與《革命前夕的摩托車日記》等電影配樂的阿根廷配樂大師古斯塔沃．桑塔歐拉拉（Gustavo Alfredo Santaolalla），喜歡演唱《革命前夕的摩托車日記》主題曲〈去河彼岸〉的烏拉圭歌手荷西．德克勒（Jorge Drexler）與阿根廷搖滾大師古斯塔沃．賽拉提（Gustavo Cerati）。

年輕時的阿尼曾是個搖滾少年，熱愛「槍與玫瑰」。高中的時候，我們班上也有一位男同學沉迷於此團。時至今日，阿尼身上已不見一絲搖滾味，不曉得，我那位高中同學是否仍然散發著不羈？在高中國文課上，我曾當著全班同學的面宣布將來要當流浪漢，是否這般漂盪在湄公河上的我已經算是走在夢想的路上了？

十二月二十三日傍晚，我們抵達東南亞最迷人的城市琅勃拉邦，準備在這個前有河後有山的世界文化遺產古城過聖誕節。

Chapter 09

琅勃拉邦的聖誕節

9-1

世界文化遺產古城琅勃拉邦

琅勃拉邦是由湄公河與南康河（Nam Khan River）孕育而成的半島。這個有著超過千年歷史的城市，曾是瀾滄王朝的首都。十九世紀末期，寮國被納入法屬印度支那後，琅勃拉邦開始出現法式建築。

從高處往下看，被兩河環繞的琅勃拉邦，大街筆直明朗，民宅與廟宇參差在綠林中，遠山旖旎。走入市區，白牆黑瓦的殖民磚樓與簡約的傳統木樓整齊排列，散發著舒爽乾淨的氣息。若非佛寺羽衣般的層層屋簷所提醒，讓人幾乎誤以為到了某個美麗的法國小鎮。

在一個被列入世界文化遺產，有著東南亞最美城市之稱的地方度過聖誕節，再適合也不過了。旅行最怕獨自過節，節慶放大了人在異鄉的孤寂。

為了避免落單，我們住進了烏布拉恆背包客棧（Vongprachang Backpackers Hostel）。同房的阿根廷女孩蘿拉與巴西女孩安潔莉娜邀請我們參加她們舉辦的聖誕活動。聖誕夜的活動是一人煮一道料理，並準備一個不超過三塊美金的禮物，晚上七點準時開始。

曾被法國殖民的背景，讓寮國夜市比泰國夜市更常見西式糕點。越戰時，美國在寮國投下的炸彈在夜市裡也煥然一新化身為開瓶器。此外，還有彩繪椰子碗，印著泰式英語 same same but different 的紀念T恤。

夜市裡最讓我意外的是滷味攤，琅勃拉邦的現煮滷味攤堪稱台灣滷味的翻版，同樣都是拿起小籃子挑選食物再給老闆煮。阿尼沒見過那樣的吃法，躍躍欲試。我們喝著寮國啤酒等待滷味上桌時，對街攤位的一個小女孩跑過來俐落地買了兩串雞爪。阿尼見狀也有樣學樣加了兩隻到我們的籃子裡。

滷味端上桌時，阿尼先是抓起白白胖胖的雞爪端詳一番，才小心地放進嘴裡。不過很快他即臉色一變，把白爪放到一旁，不吃了。不同於台灣的滷雞爪入味又香軟，寮國的雞爪只用高湯煮熟，別說阿尼了，連我也吃不消。

烤魚與烤青蛙也是琅勃拉邦夜市常見的食物。我本以為在清萊愛上吃魚的阿尼，看到琳瑯滿目的烤魚會心動，殊不知他卻嫌那些魚被烤得太乾。

「若那些青蛙不是被烤得好像只剩下皮，我倒想試試看。」他補充。

小時候在廣西，我們也會到田裡抓青蛙，說是田雞。甚至我爸還曾一度靠抓青蛙賺外快。記憶中青蛙肉很嫩，很好吃。但就像小時候，我可以觀看長輩殺雞，長大後卻沒膽了一樣。我也不敢再吃青蛙。

琅勃拉邦跟清邁一樣，也是個佛國之都，廟宇多到數不清。寮國人的佛教信仰與泰國人相比，有過之而無不及，男性一輩子至少得出家一次。

從琅勃拉邦最古老的維蘇納拉特寺（Wat Wisunarat）開始，我就發現寮國的寺廟除了有生命樹的設計，鎮守寺廟的神獸與護法也跟泰國的非常不同，全都被形塑得如卡通人物般可愛。

然而，與童趣、線條粗糙的神獸與護法相比，寺廟主體卻華麗繁複，嵌滿雕花。琅勃拉邦的佛寺工藝，就像維蘇納拉特寺的蓮花佛塔被當地人戲稱為西瓜佛塔一般，讓人充滿了疑問。此外寮國的寺廟不分大小，有名無名，都要收門票。

對一個到寺廟禮佛已成日常的國家來說，每間寺廟都收門票實在荒謬。阿尼強調他已經看了夠多寺廟。而我除了寮國工藝的代表香通寺（Wat Xieng Thong），也不想再為此花錢了。

傍晚我們在香通寺下方的碼頭看夕陽時，阿尼出餿主意讓我佯裝成中國遊客跟著旅行團混入寺廟。我強烈懷疑他的方案之可行性，但在他的慫恿下只好硬著頭皮一試。果然，售票處的兩個大嬸很快就拆穿了我的伎倆，叫我回去補票。為了避免尷尬，我只好宣稱沒有打算要進入寺廟，趕緊落跑。

回到碼頭我跟阿尼抱怨他的提議行不通。過了一會兒，就在我以為要放棄香通寺時，阿尼卻說要進去瞧瞧。

1 維蘇納拉特寺的佛塔又被戲稱為西瓜佛塔
2 在香通寺下等待夕陽的阿尼
3 寮國的神獸與護法常被形塑得如卡通人物般可愛

晚霞下的香通寺

到了售票口阿尼堅持由他負責買票。我一心以為他真要去買票，哪知他卻跟兩位售票大嬸玩起了 Entrance Fee 與 Entrance Free 的文字遊戲。只見阿尼與她們一來一往，三人不時哈哈大笑。就在我覺得繼續下去天都要黑了，不如掏錢時。奇蹟似的，兩位大嬸竟真的答應讓我們免費參觀香通寺。

身為歷代君王加冕的皇家寺院，香通寺美輪美奐，金碧輝煌，把寮國的鑲嵌工藝發揮到了極致。走進香通寺好比進入佛國萬花筒，讓人不知道要專注在哪裡才好。或許正是因為那樣，我對它的記憶反而不如清萊的白廟清晰。香通寺的工藝如立體曼陀羅，需靜心才能體會其中的奧妙。

趕在寺廟關門之前匆忙入場的我們，很快就放棄了研究寮國數百年的藝術精華，轉去大殿看僧侶做晚課。只見穿著橘色袈裟的年輕僧侶，浮浮躁躁，晚課做得七零八落。與之相比，大殿入口的兩隻狗兒道行似乎更高；牠們趴坐著，雙手向前，雙眼緊閉，一臉祥和。

踏出香通寺大殿，一片粉紫色雲彩鋪天蓋來又匆忙退去，徒留灰藍的天空。隨著夜晚的逼近，我們不得不告別琅勃拉邦最美麗的寺廟。

9-2

聖誕節與關西瀑布

聖誕夜我們想做一道雞肉綠咖哩，卻買不到雞胸肉。寮國的超市僅供應全雞。靈機一動，我們去到前一晚的滷味攤打算買一些雞肉。不過，老闆娘不願意賣，不得已我們只好買一些火鍋料來充數。

阿尼決定把他在緬甸買的兩個部落編織手環拿來當作聖誕節的交換禮物。我本打算買漆繪椰子碗，不過帶著一個裝飾的碗旅行不方便，只好聽從阿尼的建議，改買手工筆記本。

我們採買完回到青旅時，廚房裡已經忙碌了起來。法國背包客做巧克力甜點，義大利背包客煮義大利麵，吃素的女孩準備沙拉。參加活動的人無不卯足全力，讓我不禁但心自己的綠咖哩會失敗。

聖誕夜大餐終於到來，大家的料理都非常美味，阿尼貼心地稱讚我的綠咖哩是他吃過最好吃的。聊天時，我們認識了來自瑞士的法比恩與義大利的皮耶。他們兩人在越南結隊後，就一路騎摩托車到寮國。阿尼從他們那裡獲知越南有一種可以連人帶車一起載的巴士後非常興奮，也萌生了騎摩托車漫遊越南的念頭。

英國來的菲力普推薦我們去琅勃拉邦以北三小時的兩個小鎮農巧（Nong Khiaw）與孟諾（Muang Ngoi）。他曾在那裡待了一個禮拜，進行兩天一夜的徒步，受到山區少數民族熱情款待。我跟阿尼本就在煩惱琅勃拉邦之後，去萬榮（Vang Vieng）跨年之前，要去哪裡？菲力普的出現恰巧解決了我們的難題。

經過一陣吃吃喝喝，交換禮物終於登場。蘿拉與安潔莉娜請大家把禮物集中到一旁的桌上後，再幫每一個禮物上編號。蘿拉宣布由年紀最大的人開始抽禮物，抽到什麼號碼，就由被抽中的那個人繼續抽，如此進行。她請大家逐一報年紀，依大小列隊。很不巧地，阿尼是最老的男背包客，我是第二老的女背包客。為了增加活動的刺激性，蘿拉還宣布人人都有一次調換禮物的權利，也就是說若你對抽到的禮物不滿意，在拆封之前你可以任意指定與某人對調。相對的，別人也能換走你的。

活動開始了，一切都順利進行，除了沒有人換禮物。輪到蘿拉時，我以為身為主辦人的她會換禮物，但她沒有。輪到我時，我認為有必要增加刺激性。結果就成了全場唯一真正投入遊戲的人。

結束後，我跟阿尼抱怨這個活動一點意思也沒有。豈知阿尼才有苦難言，因為他抽中了一根草做的環保吸管。在夜市裡，我們曾看過那種草吸管。若是他抽到一包也就算了，但偏偏僅一根。阿尼稍早本擔心自己的禮物太糟糕，但與一根吸管相比，他的禮物好上十倍不只。我開玩笑地說準備吸管的人起初可能買了一包，只不過用了三根，又恰巧遇上聖誕節，就想不如把剩下的那根吸管當成禮物。

阿尼遲遲無法釋懷抽到一根吸管的殘酷事實，偏偏他還知道是誰準備了那根吸管。我問他到底是誰？他埋怨回說是蘿拉。我不客氣地笑了出來。

晚上十點，寮國宵禁開始，青旅大廳要關閉，有人就提議去城外五公里的保齡球館打保齡球。保齡球館是琅勃拉邦唯一半夜還有營業的地方。到了那裡，法比恩打算買填充了笑氣的 Happy Balloon。阿尼對笑氣有興趣，我們就跟著法比恩去到了球館前的氣球攤。

進入保齡球館後，大家兩人一組打球，我跟阿尼球技都不佳，以墊底收場。凌晨兩點一群人鬧哄哄地回到了青旅，但仍不想睡，有人就拿出吉他把我們帶到街上，坐在花圃旁演奏。數曲過後，人群才三三兩兩地散去。回到房間，一沾床我便睡死了，完全不知阿尼竟為失眠所苦。

聖誕節當天，我們租機車前往琅勃拉邦以南二十八公里的關西瀑布（Kuang Si Waterfall）。這個五十公尺高，有著多個藍色水池的大瀑布，是寮國的九寨溝，美得懾人心魂。

前往瀑布途中，我們在一個水牛農場停下來吃冰淇淋。東南亞的鄉間哪裡沒有水牛，阿尼跟我認為付費參觀水牛實在荒謬。不過，並非每個人都會深入鄉間，水牛農場生意依然興隆。

瀑布跟照片裡看起來沒有落差。豐沛的水流從高處落下，如萬丈白絲，水到了下方形成藍色梯田散佈林間。光線穿透枝葉撒落水面，儼然一派仙境。在這樣的美景前，阿尼莫名憂鬱起來。我只好陪他在森林散步。興許是樹木與瀑布能量強大，很快他便和緩了不少。

關西瀑布是寮國的九寨溝

我問他怎麼了，他表示只需要多一點時間融入。鑑於阿尼的心情還沒完全振作，我們決定先爬上關西瀑布的源頭一探究竟。

關西瀑布的源頭有幾棟小屋錯落在林木圍繞的水池邊，由小橋相連。前方，水從樹林裡湧出往斷崖落下，深不見底。上下走一趟，我們渾身都熱了起來。回到山腳，見到藍色水池在光線下閃閃發亮，阿尼總算有精神玩水。

離開瀑布前，我在路邊的烤肉攤買了兩串雞肉。然而才剛誇完肉串便宜，阿尼吃了一口後卻說不是雞肉。我不服氣拿過來咬一口，才發現是雞皮。從那時候起，我注意到寮國的路邊烤肉攤，賣的無不是雞內臟、屁股、雞皮等部位。到底寮國人是吃不起雞肉，還是偏好那些部位，難以判斷。

返回琅勃拉邦的路上，我們遇到了一群有灰有白，有大有小的水牛群。我叫阿尼趕緊停車，說這不是省下了水牛農場的門票了嗎。我們在路邊跟水牛對看了一陣子，直到牠們覺得無聊走掉，才重新上路。

傍晚，琅勃拉邦的郊區，我們被一間叫芬達的烤鴨店吸引。阿尼跟我深信任何當地人愛光顧的店都絕對好吃。我們把車停在餐廳門口，確認烤肉架上烤的是肉不是內臟才走進去。我們兩個外國人的出現，一下子就引起了騷動。見我們對著寮文菜單一臉茫然，隔壁桌的大叔大方地分了兩塊鴨肉給我們試吃。那是我們在東南亞吃過最美味的烤肉，阿尼跟我也決定仿效他來一份烤鴨配糯米飯。

返回琅勃拉邦的路上遇到的水牛群

9-3

橫跨南康河與湄公河

南康河上有一條私人竹橋接連兩岸，過橋得繳通行費。自從發現琅勃拉邦的寺廟都要收門票後，我們就對門票兩字異常敏感，不解像寺廟與橋這種大眾設施，怎能成為謀利的工具。

1 搭船橫跨湄公河
2 橫跨南康河的私人竹橋

法國舊鐵橋

從地圖上，我們發現除了那條竹橋，還有一條法國殖民時代蓋的鐵橋可以通過南康河。於是，我們就散步到舊鐵橋，拜訪對岸的村莊。

由鋼鐵與木頭結合的舊鐵橋有一股歲月的優雅，設有人車專用道，走在其上很能體會南康河的魅力。過了南康河就像從殖民風情的城市踏入寮式鄉村。在艷陽下沈寂的村子走了一個小時後，我們已經欲振乏力，想跨河回古城。

再次經過私人竹橋，發現村子這頭的竹橋入口沒有設收費站，兩人決定冒險抄捷徑走竹橋回市區。我們的策略是若到了竹橋的另一頭被查票，就宣稱票弄丟了。結果，經過收費站時，沒有人理會我們。

除了跨越南康河，我們也想到湄公河對岸的村子去看看。在碼頭等船時，一個坐在階梯上也在等渡船的阿嬤見到阿尼濃密的手毛，忍不住好奇伸手拉了拉，逗得我大樂。阿尼全身毛多又長跟猩猩沒兩樣，第一次看到他拿著夾子拔眉間的雜毛時，我問他在做什麼？他說若不拔的話，兩道眉毛就會連成一線。後來我發現，拔眉間的雜毛已經成了他煩躁時舒壓的舉動，就跟他偶爾咬指甲一樣。

湄公河對岸的村子跟南康河對岸的村子一樣都非常陽春。我們在村裡僅有的麵店吃 Khao Soi 當午餐。Khao Soi 在泰國因為有咖哩湯與炸過的金色麵條又被稱作咖哩湯麵或金麵。到了寮國，Khao Soi 搖身一變成了肉醬河粉，完全不同。

自從在琅勃拉邦的大街吃過一次寮國版的 Khao Soi 後，我們就愛上了這道料理。從過往的經驗來看，叫此名稱的麵我們沒有不喜歡的。因此。當我們在湄公河對岸的小村發現這道麵時，不加思索地就點了。吃完麵阿尼準備付錢，麵攤的老闆娘說兩萬基普。我跟阿尼一聽吃了一驚，追問兩碗麵兩萬基普？老闆娘回一碗。

我們顯然被敲詐了。同樣的麵在琅勃拉邦最熱鬧的地段也不過一碗一萬五基普。

阿尼討厭被騙，就問隔壁桌也在吃麵的寮國男子，他的麵多少錢？那男子正要回答時，突然接收到老闆娘的目光，就把到口的話吞了回去，埋頭吃麵。

阿尼向那男子與老闆娘保證會照要求付款，他想知道的只是一碗麵真正的價格。但不管阿尼怎麼嘗試，他們就是不肯回答。最後，我們只好付了四萬基普敗興離開。

到了村尾，我們遇到一群修路工人。其中一個阿伯是琅勃拉邦華人，他以為我是阿尼的導遊就用中文跟我聊天。我把在麵攤發生的事告訴他，他說一碗麵也就不過一萬基普。

我翻譯給阿尼聽，他說他知道那碗麵最多也不過一萬到一萬二基普。他在緬甸曾遇過給本地人與給觀光客不同價格的店家，但人家清清楚楚寫出來，不像寮國人扭扭捏捏，不乾脆。

離開村子，經過一間寺廟，我們在一條小徑被一位大嬸攔下。她宣稱要通過得先買門票。阿尼問她為什麼要買門票？大嬸回覆前方有景點。阿尼再問有什麼景點可看？她卻開始佯裝她不懂英文。阿尼強調若不知道有什麼可看就不付錢。大嬸惱羞成怒大喊不付錢別想過去。

大嬸荒謬的邏輯讓我們又氣又想笑。自入境寮國以來，寮國人老是讓我們暴走。同樣都是需要殺價的國家，泰國人不會因為我們是觀光客就突然把一碗麵的價格

拜訪湄公河對岸的村子

提高兩倍。是否長期活在貧窮與痛苦之中，才使得同是佛教信仰的寮國人少了泰國人的從容溫和；又或我們太習慣了泰國人的慷慨，以為去到哪裡都該被溫柔對待？

看到大嬸身後恰巧有一道階梯通向河岸，我們便告訴她不打算繼續前進。下到湄公河岸，我們決定與一對西方中年夫妻一同搭船回市區。然而，來載他們的船是一艘專門用來遊覽湄公河的昂貴觀光船。預算有限的我們，只好又派出阿尼出馬。最後船長私下給一個優惠的價格，我們才意外地享受了一小趟湄公河遊船之旅。

回到市區，我們趕在夕陽下山之前爬上琅勃拉邦的地標普西山（Mount Phou Si）。高僅一百公尺的普西山是欣賞琅勃拉邦市景與夕陽最好的地點。我們抵達山頂時，那裡已經人山人海，找個站的地方都有困難。普西山頂本是一座神聖的佛塔，只不過在夕陽之前，佛陀也得讓位。

當晚我們去著名的 Utopia 酒吧喝一杯。Utopia 是一個美麗又放鬆，面著南康河的地方。我們躺在露台的懶人骨頭上，伴著月亮，聊著幾天以來對琅勃拉邦的觀察。

佈施是琅勃拉邦最著名的活動之一。天將亮未亮，數百名橘色布衣僧侶持缽列隊上街，信徒待他們經過時，恭敬地奉上佈施的食物。這是所有琅勃拉邦的觀光客都想目睹一眼的畫面。阿尼無法忍受觀光客拿著相機追逐僧侶，便拒絕前往，我只好獨自起床出門。

琅勃拉邦的主街，一台台小巴載來一團團中國遊客，他們帶著佈施的食物被導遊安排坐在街旁的塑膠矮凳上。僧侶出現時，他們把單眼相機如槍一樣直抵橘色袈裟身影的眼前，如電影頒獎典禮上的記者。零星的西方觀光客也一樣，不在意尊僧禮佛，只擔心漏掉精采畫面。

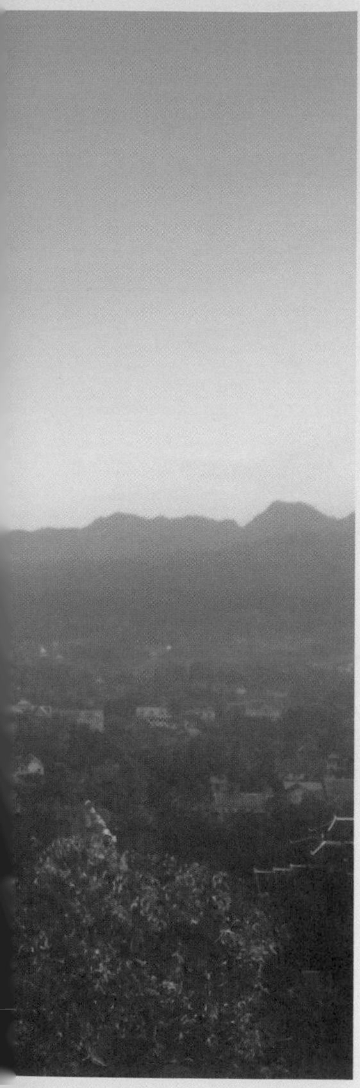

看完佈施，我去逛了早市。與佈施相比，市集有趣多了。回到青旅見阿尼還沒起床，我便躺回去睡覺。起床後，阿尼問我感想如何？我回一如他所料。他慶幸沒去是對的。但我認為事實儘管醜陋，也有知的必要。

安東尼波登曾說：「旅行並非總是美麗，總是舒適。有時候它會傷人，甚至讓你心碎。但是沒關係，旅程會改變你。它應該改變你，在你的記憶、意識、心裡、身體留下痕跡。你帶走了一些東西，期望你也留下一些好東西。」

琅勃拉邦的惡到底是它本有，還是我們這些觀光客所帶來，又或那是我們與當地居民共同的惡業？

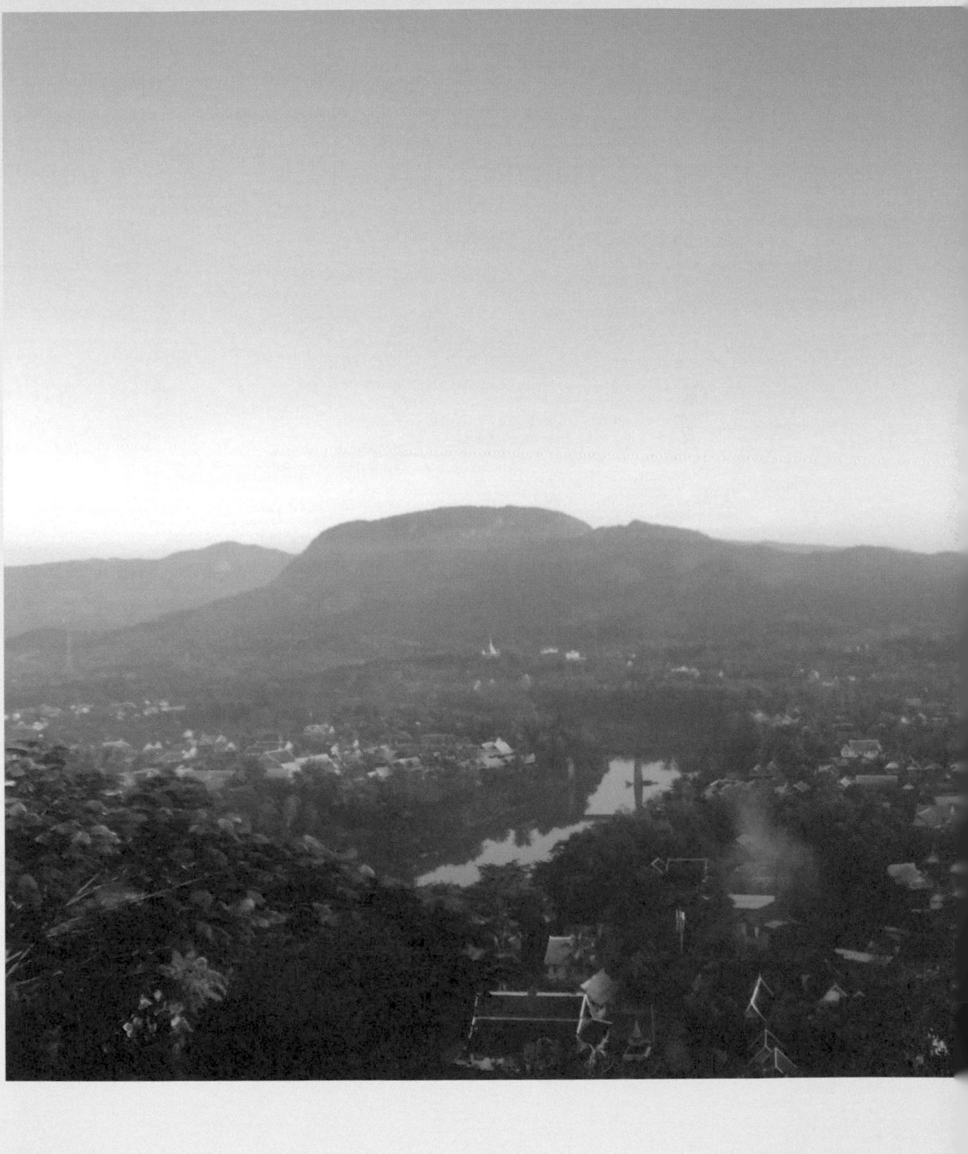

Chapter 10

寮國最詩意的兩個小鎮：農巧與孟諾

10-1 農巧與麥可

在農巧認識住在巴黎的美國人麥可時，我們完全沒有想到與他的緣分竟會貫穿整個寮國。麥可是個外表乾淨俐落的大叔，拖著一個輕巧的行李箱，跟我們一住起進了日出民宿。

從琅勃拉邦到農巧，在路上奔波了四小時，進入房間我們才正要在床上躺下，敲門聲就響起。阿尼一臉不耐地去開門，發現麥可迫不及待地站在外面。

「再給我們十分鐘。」說完，阿尼就把門給關上。

「他怎會在門口，剛剛不是說若在街上碰到就一起行動，若沒有就各自做自己的事？」

南島河畔一景

「我是那樣跟他說的沒錯，」阿尼苦笑，「問題是，他人現在已經站在門口了。」

阿尼把頭埋在我的頸間，深深地吸了口氣。抵達琅勃拉邦之前，由於我宣告大姨媽將來，我們就順勢省錢住進青年旅館的多人房。結果一如既往，我的經期從來沒有準過。發現自己白白獨眠了三晚，阿尼忍不住嘀咕。到了農巧好不容易有私人空間，才正要對我動歪腦筋時，麥可就跑來煞風景。

沒辦法，兩人只好快速收拾隨身背包跟麥可上街找地方吃飯。我們在農巧主街的一家餐廳坐下，麥可介紹了一道叫拉帕（Larb）

的寮國料理給我們。他解釋寮國人只有在招待貴賓才會端出這道料理。後來我們才知道，這道使用碎肉（可用雞肉、牛肉、魚肉或豬肉）混合魚露、萊姆汁、寮國特製濃縮魚露 Padaek 與新鮮香草的料理是寮國的國菜。泰北與雲南也有拉帕，只不過作法不同。阿尼跟我很快就喜歡上了這道清爽的碎肉沙拉。

年輕的時候，麥可曾在法國教英文，後改為幫大公司翻譯財務報告。也因此他的工作多集中在幾個月裡，使得他一年之中有超過一半的時間可以四處旅行。

「我想要跟你們說聲謝謝。」他說，「我碰過很多情侶都很封閉，但是你們卻讓我加入你們。」

「沒什麼，我們也很高興認識你。」阿尼一臉輕鬆，似乎已經忘了麥可中斷他的好事。

吃完飯。我跟阿尼打算去農巧的法登峰（Pha Deng Peak）看日落。麥可表示樂於同行，於是三人就一起前往號稱擁有三百六十度視野的法登峰。

法登峰步道長三·四公里，要爬近一個半小時的陡峭山路才能登頂。我們在立有未爆彈警示牌的售票口買了門票後，就開始徒步。法登峰步道的入口是一片玉米田，進入混合林後，也進入了山路，陡峭的地方得拉著繩索才能上去。爬到滿頭大汗，回顧來時路，只見農巧已經小得僅能辨識屋頂。麥可說他年紀大了，膝蓋

爬上法登峰

不好，叫我們不用等他，晚點山頂見。

法登峰步道穿插著藤蔓與巨石，完全滿足了我們的冒險之心。中途，阿尼對一個把老婆落在後自己先走的西班牙人表示不恥，但想到麥可也被我們拋棄在後，我實在不好意思多嘴。

一小時過後，我們抵達了法登峰。由上往下看，只見南烏河（Nam Ou）像一條藍色緞帶在農巧拋出完美的弧度，一座中國出資的石橋連起村子的兩岸。村子後方，另一座石灰岩山峰如三角錐緊立在後。

居高臨下，很容易理解農巧為什麼會被稱為寮國最詩意的小鎮。

農巧全景

琅勃拉邦也很美，但不及農巧空靈。在高低起伏的山巒間，農巧就像顆掉落在南烏河上的珍珠，散發著溫潤的光芒。

眼見其他背包客紛紛舉起掛在竹竿上的寮國國旗合影，我跟阿尼也效法，除了國旗，法登峰還有一座涼亭。不過，比起涼亭，我們更愛坐在露天巨石上看南烏河逐漸染上斜陽的色彩。

就在我們開始擔心起麥可時，他總算到了。那個不幸被老公拋在身後的西班牙太太也順利抵達。法登峰的日落很美，一如琅勃拉邦普西山的日落讓人目不轉睛。不同的是，在法登峰我們享有在曠野與眾山之巔的自由。

眼見太陽落到山背，麥可開始催促我們下山。但對阿尼跟我來說，夕陽最精彩的地方才要開始。不得已，麥可只好先跟其他人一起下山。

「我在山腳等你們喔。」麥可義氣十足地說。

「千萬別等，我們不知道幾點才會下去。」阿尼趕緊大喊，就怕麥可沒聽清楚。

就那樣，法登峰上的遊客一個一個走了，只剩我跟阿尼如兩尊石像，盯著天際的色彩遞換。當黑夜籠罩時，一小隊人馬突然抵達，那是一群打算在山頂露營看日出的寮國年輕人。他們在岩間升起的營火與遠方殘留的雲彩遙遙相映。

下山時，我們唯一的光源只有一支剩不到三十％電量的手機。我提醒阿尼加快腳步，免得被困在山中或發生意外。起初我們確實拼命趕路，微弱的燈光下，靠著腎上腺素的激升，我們輕易跨越了路上的樹根、石塊與陡坡。但到了半山腰，阿尼不經意抬起頭之後，時間瞬間暫停了。

農巧的星空美得震懾奪魂，讓阿尼動彈不得。在泰國的時候，我就發現每次遇到美景，阿尼都會無可救藥地沈溺其中，怎麼看都不夠。更壞的是，繁星不僅讓他忘掉手機要沒電，還勾起了他的情慾。當他的雙手開始在我身上遊走時，我只擔心是否又會有人橫空出現。畢竟在泰北，每次我們有類似的念頭時，總有僧侶翩然現身。在這漆黑的寮國深山裡，想必不會再有僧侶出來勸世，但有沒有可能麥可折返試圖拯救我們？

下到山腳，我們又在玉米田看了一會兒星星才離開。經過售票口時，我還真怕麥可會突然跳出來。好在，萬籟寂靜，阿尼跟我在無人的街上手牽手走回村中。

10-2

孟諾

二〇一三年以前，農巧與孟諾還只是南烏河上兩個連電都沒有的偏村。在公路與南烏水壩建好之前，從琅勃拉邦要到此二地僅能依賴水路。然而，背包客的到來，讓它們一躍成為香蕉鬆餅之路（Banana Pancake Trail）上的一站。

第二天早上九點多，我們在石橋下搭船前往距離農巧還有一小時航程的孟諾。當電動船往南烏河上游奮力前進時，太陽逐漸露臉，山嵐開始褪去。

經過一群徘徊在沙洲上的水牛與幾名正在小舟上捕魚的漁夫後，孟諾就到了。

百無聊賴地躺在南烏河畔的吊床上是農巧與孟諾最大的賣點。在農巧，為了省錢，我們住進了一間極其陽春的吊腳樓。不過，在孟諾打算待上三天的我們，渴望起了陽台與吊床。

抵達孟諾碼頭，我還來不及擔心麥可會變成跟屁蟲，他就已經率先甩開了我們，跟在船上認識的新朋友瀟灑揮手離去。我問阿尼，他是不是受夠了跟我們一起忍受冷水澡與蹲式廁所。

下船後，我們跟在船上認識的以色列背包客歐馬，沿著河岸小徑找旅館。歐馬不像我們那麼婆媽，三兩下就選定了落腳處。他沒有陽台與吊床的要求，只要便宜即可。阿尼向來有做決定障礙的毛病，偏偏我也好不到哪裡去，以至於一件簡單的事情也常被搞得很複雜，單一間吊腳樓也如此。最後，繞了大半個村子，我們還是跟歐馬待在同一家民宿，只不過他住的是普通房，我們選了有陽台與吊床的臨江吊腳樓。

歐馬是典型的以色列背包客，也就是好不容易服完兵役，出來透氣的年輕人。在尼泊爾，我也曾遇過一對剛當完兵的以色列情侶。我問歐馬是否結束兵役後出門

1 孟諾的南島河畔
2 孟諾碼頭

旅行已經成為了以色列人的一項傳統。

「百分之八十的以色列人當完兵都會出門旅行幾個月到一年，不去的反倒成了異類。」他說，「當兵的薪水雖少，但三年過後我們還是有一小筆錢。」

我遇到的以色列情侶曾說，一個人要能夠證明自己有精神疾病或自殺傾向才有機會逃過服兵役。在背包客之中，以色列背包客又以團結出名，且大多出現在印度、尼泊爾與泰國。尼泊爾安娜普娜大環前三名人數最多的徒步者之一就是以色列人。

阿尼的家族是來自東歐的猶太人，二戰時，他的爺爺奶奶分別逃亡到了阿根廷，兩個家庭破碎的人在異地相戀，才重組家庭。阿尼年輕時曾去以色列參加過猶太青年培訓計劃。

「那就是一個純正猶太血統的洗腦教育。」阿尼說，「他們希望你只跟猶太女人結婚，搬回以色列工作與生活。」

儘管阿尼的父親偏好他與猶太女子交往，但他與弟弟卻從來沒有跟猶太女孩在一起過。

孟諾僅有一條筆直的泥土大街。大街的兩端，一端是一座雙駝峰似的青山，另一

1 孟諾的現做米線
2 孟諾只有一條泥土大街

頭是一座佛寺。下午四點多在街上散步時，我們看到路邊聚集了數人站著吃麵，一旁一名婦女正蹲在地上製作米線。只見她先把米漿裝進一塊裝了篩子的布裡，接著用雙手擠壓，一條條米漿便從篩子流出落到柴火上的熱鍋裡。不久，熱騰騰的米線就出爐了。

製麵婦人前方，一張簡陋的木桌上放了空心菜、萊姆、香菜、魚露、醬油、鹽與辣椒等佐料。煮好的米線過冷水後，被裝進臉盆放到桌上讓大家自行盛來吃。我這人最愛湊熱鬧，這當街現做現吃的畫面，讓我渾身的細胞都雀躍了起來，想去吃碗米線。

吃麵婦女群沒有人會講英文，靠著

比手畫腳，我讓一名婦女裝了一碗米線給我。接著見我對滿桌的配料無從下手，那名婦女只好示範給我看。我仿照她調製了一碗米線後，興沖沖地跑去跟阿尼獻寶。起初，阿尼還意興闌珊，吃了一口後直說也要來一碗。

吃完米線，我們去到了南烏河的支流諾河（Nam Ngoi）。沿著河畔的菜園走了一陣子，發現沒有什麼可看，便回到主街往另一頭的寺廟去。在鄰近寺廟一個住家的院子裡，三個六、七歲的小女孩正在烘花瓣，把粉色的花瓣裝進剖半的竹筒裡，用樹葉在下方燒。

歐卡德寺（Wat Okad）是間一九七〇年代重建的新廟。原本的寺廟越戰時被美軍給炸毀了。從琅勃拉邦起，我就發現寮國的菩薩塑像袒胸露乳。與泰國的風格很是不同。

歐卡德寺還有一尊神秘的虎仙人塑像吸引了我們的目光。虎仙人軀體精瘦，作冥想狀盤坐在涼亭裡。他長鬚垂胸，以一塊虎皮為衣，由兩隻卡通風格的老虎守護著，俏皮神秘。離開歐卡德寺，我們從煮花小女孩家的巷子下到南烏河，伴著夕陽走回旅館。

晚上，我們與麥可及他的新朋友在一間叫作 Seng Phet 的餐廳吃飯。Seng Phet 是一間好吃卻需要耐心的簡陋餐廳。麥可跟我們都點了青木瓜沙拉，老闆娘卻硬是

烘烤花瓣的三個小女孩

要分兩次削，看得我們直嘆氣。在生活空間上，不同於泰國人追求乾淨與美，寮國人只求能夠遮風避雨。Seng Phet 的廚房充其量就只是一塊鐵皮下，有幾張殘缺桌椅、爐子與鍋瓦瓢盆的混亂角落。若非親眼見到有人在裡面煮飯，難以相信那是一間餐廳的廚房。

以 Seng Phet 出色的廚藝與親民價格，只要肯花點心思整理門面，不愁沒生意。但就像我們民宿的老闆娘儘管擁有幾間木屋、獨木舟與餐廳，卻還是任由廚房雜亂不堪。寮國人的思維實在太難以捉摸了。

譚康洞與法托克洞

隔天，我們沒事可做就去參觀了譚康洞（Tham Kang Cave）。越戰期間，譚康洞曾是孟諾周遭村民的避難處。洞中有一條乾淨的地底河流過。

離譚康洞，我們在收割的稻田裡漫無目的閒晃。到了諾河邊，我們碰到兩個正要涉水過河的婦人。她們帶著帽子拿著竹杖，曬得跟樹皮一樣乾癟的軀幹上掛了個竹簍，顫顫巍巍地過河後，就往我們身後的田裡去。

看到她們在田裡東挖西挖，我們便走近查看。婦人們用竹棍在牛糞裡撥來撥去，見我們一臉好奇，便把竹簍裡的糞金龜展示給我們看。問她們抓糞金龜做什麼，她們比了吃的手勢。見阿尼跟我面露驚訝，兩人樂得大笑。

糞金龜

回程，一條泥濘的水溝橫在稻田與馬路之間。仗著自己穿登山靴，我找了一處較窄的溝面，踩著露出水面的石塊就跳到了對岸，看傻了不知該如何下腳的阿尼。

「我的王子請稍候，你的公主馬上來拯救你。」說完，我就搬了一塊大石頭丟到爛泥裡。阿尼踩著我放下的石頭，跳過來後說我比他還像個男人。

「沒辦法。」我說，「誰叫現在的公主需要肩負起拯救王子的使命。」

回到孟諾，看到一戶人家正在辦婚禮唱唱跳跳，我就拉著阿尼去湊一腳，希望他可以放下王子的包袱露一手阿根廷傳統舞蹈。可惜他僅是意思意思揮了幾下手，非常掃興。

中午，我們又到上菜很慢的 Seng Phet 餐廳吃飯。麥可也在那裡，他邀請我們晚上到河邊時髦的餐廳喝一杯，說要請客。我們打算搭隔天的夜巴去萬榮跨年。麥可卻說他要留在孟諾，過完年才會去琅勃拉邦搭機南下。儘管四千美島（Si Phan Don）是三人在寮國的最終目的地，但在那個當下，我們怎麼也沒料到，走陸路的我們會跟搭飛機的他同一天抵達寮國的最南端。

隔天早上搭船回到農巧，到旅行社寄放了行李，我跟阿尼就搭了越南人的便車去法托克洞（Pha Tok Cave）。下車後，我們沿著一條橫跨在溪流與稻田上的竹橋走至售票口。付過錢，我們獲得了兩隻手電筒與一個小男孩嚮導。

位在懸崖上的法托克洞，在越戰期間，曾長達八年是村民與巴特寮士兵的避難站。不同於孟諾的譚康洞，寬廣的法托克洞是一個有軍事、警察與醫院等機構的完善山中生活圈。

在小嚮導的帶領之下，我們爬了有三、四層樓高的水泥階梯進到洞裡。當手電筒掃射在洞內荒蕪的岩壁與深不見底的幽暗時，彷若到了另一個世界。想像數百人在這山體內生活，就如想像被二百萬噸炸彈轟炸般困難。

若沒有戰爭的陰影，法托克洞會是一個理想的靈修地點。位在峭壁上的優勢，使得它的幾個裂口像天然窗戶，讓光線得以滲入。參觀完第一個岩洞，小嚮導提議若願意付五萬基普，他跟朋友就會帶我們去第二個岩洞。

看不出有兩個嚮導的必要，就再反提議若他帶我們去第二個岩洞，就給他一萬基普，不願意就作罷。

第二個岩洞與第一個相比，通道非常狹小，體型稍寬就過不去。整體來說，雖不如第一個岩洞有看頭，卻十足有在山體穿梭爬行的樂趣。參觀完，一個開著小貨車的農民把我們載回了農巧。

下午四點，我們坐上開往巴士總站的雙條車，踏上邁向萬榮之路。沿途，幾個嬉皮彈著烏克麗麗唱歌，隨著他們的歌聲越來越高昂，農巧在我們身後越來越遠。

1-3「法托克洞」 4 藍色潟湖

Chapter 11

東南亞最墮落的派對小鎮：萬榮

11-1 藍色潟湖

大多背包客跟我們一樣，上了車才知道開往萬榮的夜巴得兩人擠一張床。一想到要跟陌生人共眠，我就不禁覺得阿尼越看越順眼。

二〇一一年回廣西探親的長途巴士上，一個親戚尿急下車，她打開雨傘拉下褲子，就在車門旁方便了起來。二〇一八年尼泊爾，藍毗尼（Lumbini）往奇旺國家公園（Chitwan National Park）的巴士上，一個尼泊爾婦人懶得走進樹叢，也在車前穿著裙子直接蹲下。

而此刻，在往萬榮漆黑的公路旁，阿尼跟其他男背包客走離巴士幾步，三兩下就淨空膀胱。幾個女背包客，稍微走遠一點也順利完成任務。全車就僅剩我在沒草沒樹的公路無所適從。最後，眼見車子就要開走了，我只好請阿尼把風，跑到巴士後方去解決。

紀錄片《星期六的地圖》（A Map For Saturday）說，旅行會改變一個人的價值觀。旅行久了，有時候會想不起自己的底線在哪裡。

半夜，夜巴停靠在一間路邊餐廳讓我們吃飯，同車的嬉皮為了省錢不惜吃素。我跟阿尼無肉不歡，卻忘了點餐前先數一數口袋裡的基普，以至於結帳時差點得跟他們借錢。

騎車去二號潟湖的照片

1 南宋河沿岸的酒吧 2 萬榮的早市 3 萬榮清晨的布施

清晨五點多，我們睡得正熟之際，萬榮就到了。我們到軍營旅館（Army Barracks Guesthouse）寄放行李後，就沿著昏暗的街道走至南宋河（Nam Song River），付四千基普過路費登上南宋橋看日出。望著晨曦打在南宋河青綠的水面上，我們難以把眼前的小鎮與號稱東南亞最墮落之地聯想在一起。

看完日出，我們在河西一條馬路的轉角，看到一個老和尚領著五位穿著橘色袈裟的年輕僧侶，赤腳出來化緣。我們遠遠地注視著他們列隊接受佈施為信徒祈福，直至走遠。繼續前進，只見一農夫趕著六、七頭黃牛迎面走來。黃牛高聳的肩胛骨與田邊的喀斯特山頭平行並列，有如一幅中國山水。

2

3

回到河邊，經過空無一人的酒吧，我們看到桌上來不及收拾的空酒瓶與杯子。接著我們經由一座免費的簡便木橋回到河東。不久，追著一顆低空飛過街頭的七彩熱氣球，兩人又到了河邊。看著熱氣球飛過河面，朝遠方的山峰飛去，我得說若沒有兩岸數不盡的酒吧，萬榮的美其實更勝農巧與孟諾一籌。

接著，我們在找咖啡喝的路上，遇到了同車的一位背包客。三人於是結隊逛早市。小小的市集裡人不多，糞金龜被裝在臉盆裡黑壓壓一片，賣松鼠與蝙蝠的攤位讓我們睜大了眼，旅行了這麼久，我們都還沒見過吃松鼠的國家。

夕陽下的輪胎漂流與熱氣球

告別同車的背包客後，我們在一家早餐店吃了美味的寮國漢堡與喝了黑得不可思議的寮國咖啡。接近旅館時，我被路口一棵盛開的櫻花吸引，興匆匆地拉著阿尼走到了樹下才發現受騙。後來，我才理解到那棵櫻花就像萬榮的寧靜，都只是幻象，假的。

辦理好入住手續後，我們在旅館附近跟一位不怎麼靈光的大嬸租了兩台越野單車，騎去城外七公里遠的藍色潟湖（Blue Lagoon）。經過南宋橋時我們又被收了一次四千基普的過路費。阿尼的腳踏車在我們先前遇到僧侶佈施的地方出現了問題，無法騎行。租車的時候，我就覺得要阿尼自行調整車子的租車大嬸不可靠，不過一切都已經太遲。阿尼本打算把故障的車子牽回城裡，但那不僅浪費時間，還得再繳一次南宋橋的過路費。好在，沒多久我們就找到了一間機車行，對方不但同意幫我們修車還分文不取。

重新上路，出了市區，喀斯特山脈在田中平地拔起如城牆，壯觀又綺麗。二〇一八年最後一天，阿尼跟我決定在粗糙的柏油路上進行單車競賽。記得初識之日，在清邁，我們跟阪本三人也是騎著單車在路上奔馳。一個半月過去，三人剩兩人，就阿尼跟我還在路上。

抵達藍色潟湖，我們先爬上潟湖後方的坦普坎洞（Tham Poukham Cave）。通往坦普坎洞的山路由不規則的石塊組成，崎嶇陡峭。坦普坎洞內，亂石崩雲，僅有細小的通道蔓延在巨石間，很有冒險電影的氛圍。洞內有一尊金色臥佛，傳說在其中找到金蟹，畢生都幸運。

下山回到藍色潟湖，幾個韓國人正在玩水。藍色潟湖，以湖水湛藍得名，周遭有停車場與攤販。潟湖旁有一棵傍水而生的大樹，大樹的兩條枝幹平伸至湖裡，如天然跳台。阿尼爬上第一條枝幹，學韓國人噗通地跳到了水裡。我不會游泳只好在岸邊泡水。

離開藍色潟湖，我們在坑坑洞洞的碎石路上又騎了七公里才到二號潟湖。不過，我們不朝潟湖的入口去反而轉進了一旁的小路，直至一片荒煙蔓草之地。把車子鎖在雜草中後，我們跳過數條水溝去到二號潟湖園區的圍欄。接著，像小偷一樣突破舊鐵絲網交錯的線牆，偷渡入園。冒著被抓與被地雷炸成碎片的風險，只為了省下不到三美金的門票。若見報或喪命，我們定成為背包界第一恥。

可讓我們引以為恥的事還不只如此，進到園區後，我們在一個小吃攤點了一碗冬陰功（Tom Yum Kung）。當老闆娘端上一碗肉多味美的冬陰功時，阿尼跟我不禁驚嘆園區內的食物好吃又便宜。可惜，那就只是一場美麗的誤會，那碗冬陰功並不是我們在菜單上看到的價格。

結帳時，我們仗著自己點的只是菜單上的冬陰功不肯多付錢。說不過律師出身的阿尼，老闆娘只好答應不多收錢。事實上，老闆娘的開價並不過分。那碗湯之所以變貴，肯定是因為加了魚肉。當老闆娘問我們要不要魚時，我們並未多想，以為那本來就含在湯裡，殊不知根本沒有。

若是我一個人旅行，我肯定做不出逃票與得理不饒人之事。阿尼跟我最大的不同是，他的教育教給他的是絕不吃虧，我的教育則是萬事以和為貴。對我來說，錢可以解決的事，都是小事。對阿尼來說，他的每一分錢都要花得合情合理，心甘情願。

二號潟湖是個規劃完善的休閒園區，內含幾個有著漂亮跳台的清澈水池。跟藍色潟湖一樣，二號潟湖也只見韓國遊客戲水。我們懶得下水就選了兩張沙灘椅在湖邊曬太陽。我們的後方，幾顆櫻花樹正開得妖豔。不過，十二月底寮國正值乾季，哪來的櫻花，我不會再上當了。

坦普坎洞

11-2

跨年

回到城裡，我們在南宋河的木橋遇到了在琅勃拉邦一起過聖誕節的法比恩與另外兩個女孩。他們的跨年計劃是先到酒吧喝幾杯再去參加叢林電音派對。

坐了一晚的夜車又騎了一天的單車，我們決定先回旅館補眠，晚上再視情況加入他們。睡醒後，我們發現背包客棧空蕩蕩，就連街上也顯得冷冷清清，只見兩個穿著短裙的女背包客提著啤酒經過。這與我們想像的派對之城相差甚遠，我們深信某個角落肯定正在咚滋咚滋。

為了慶祝跨年，我們奢侈地吃了一頓燒烤。但我們那兩盤烤肉串與燒烤店老闆家正在爐子上煮的火鍋相比實在寒酸。吃過飯，我們買了啤酒到河邊。不同於早上，跨年前夕的南宋河，兩岸燈火通明，酒吧內高朋滿座，難聽得要命的音樂隔水不斷轟炸我們的耳朵。木橋上遊人三三兩兩，不時砰地一聲，沖天炮像火箭射向水面，一下又消失無蹤。

興許是年紀大了，光是靜靜地看著河面也讓我們感到難以言喻的幸福。聽聞南宋河有跨年煙火，但我們從二〇一八年等到二〇一九年都沒看到。

跨年夜的萬榮

離開河邊，我們到萬榮最有名的酒吧 Viva Vang Vieng 跟法比恩會面。Viva Vang Vieng 前的大街，背包客們正趕著搭雙條車到城外參加電音派對。一個女孩見我們經過邊喊叢林派對，邊向我伸出雙手，差點就把我給拉上了車。好在阿尼堅持先找法比恩，才把我留下。

我們在 Viva Vang Vieng 的戶外座位區找到了喝得搖搖晃晃的法比恩。不知道吃了什麼的他，以慢平常數倍的語速把我們介紹給一個留著雷鬼頭叫柯恩的人之後，就去找他看上的法國女孩了。科恩跟我們聊了幾句就從口袋裡掏出一包迷幻蘑菇分給阿尼吃。

當我們拿著啤酒走進 Viva Vang Vieng 的舞池時，裡面僅剩零星的人在跳舞。為了追求法國女孩，法比恩不惜把叢林派對的門票送給另外兩個女孩。阿尼對參加叢林派對與否遲遲不表態，我們只好繼續在原地聊天喝酒。

過了一陣子，我們踏進一旁一間不起眼的小酒吧。當我看到柯恩坐在榻榻米與矮桌之間，一副竹林七賢之貌時，我終於摸清了阿尼的心思。從頭到尾，他都對叢林派對不感興趣，他有興趣的是柯恩與迷幻蘑菇。加入柯恩的桌子不久，就見阿尼跑去酒吧的櫃台帶了一包新鮮的迷幻蘑菇回來。他自己吃了一小把後，也遞了幾朵給我。新鮮的蘑菇一點也不可口。

嬉皮柯恩有著阿尼嚮往的一切；隨性、漂泊與說不完的故事。這些特質與阿尼全然相反。身為律師界的文青，阿尼敏感又有所顧慮，他想擺脫一成不變的生活，卻又怕失去世俗的地位，所以才留職停薪而非辭職旅行。

當阿尼熱烈投入與柯恩談話時，我發現酒吧內沒幾個女背包客，不過穿著緊身洋裝的寮國女孩倒是不少。她們都年輕美麗，化了精緻的妝容，被西方背包客摟在懷裡。我越看那些懶洋洋，恣意肆笑的西方臉孔越覺得不順眼。過往，我從不認為阿尼跟我的組合有多引人注目。不過，當下我卻覺得不自在。對於酒吧內的西方背包客來說，坐在阿尼身旁的我，是否也只不過是他叫來的陪酒女孩，就像他們懷裡的一樣？一次走在清邁的街上，阿尼問我別人會不會以為他跟一個泰國女孩在一起？我對阿尼擔心被當成到泰國找女人的男人十分不以為然，強調若他擔心就別跟我走在一起。但在這萬榮的小酒吧內，我不也為自己可能被當作陪酒的寮國女孩而不滿？說到底，我們都無法不在意他人的眼光。然而，相較於我們，那些更容易被貼標籤的泰國與寮國女孩又該如何？

隨著時間的過去，大家酒越喝越多，下肚的蘑菇與抽的大麻也越來越進入狀態。但我卻更加煩躁，像跟其他人處在平行時空，毫無交集。

凌晨兩點，我想要自己先回旅館，阿尼堅持陪我一起回去。我知道若不開口，他肯定會待更久，但我已經坐不下去。返回旅館的途中，阿尼又拿蘑菇出來吃，我也吃了一些。

回到房間我們做了愛。隔天醒來，阿尼寓意深遠地說迷幻蘑菇在我身上發揮了效果。

11-3

輪胎漂流

萬榮曾是轟動一時的背包客派對之地，而輪胎漂流（Tubing）就是它的秘密武器。一九九〇年寮國開始對外開放之後，一名任職於政府林務局叫 Thanongsi Sorangkoun 的公務員決定辭職回家開一間有機農場，招收外國志工。

一九九八年 Thanongsi Sorangkoun 心血來潮，買了幾個卡車內胎給他農場的義工在南宋河裡玩水。自此，寧靜的鄉間小鎮萬榮就消失了。背包客的湧入，讓萬榮成了香蕉鬆餅之路上最火熱的一站。輪胎漂流、便宜的佬佬威士忌（寮國米酒）、大麻、迷幻蘑菇、鴉片與絕對的自由，讓萬榮一躍成為世界上最放縱的小鎮。

粗糙的木製小酒吧、舞台、滑索與溜滑梯快速在南宋河兩岸冒出。每天上千名穿著清涼的背包客躺在輪胎上漂過一間又一間酒吧，他們上岸跳舞、抽大麻、吃迷幻蘑菇與喝酒後再繼續漂流到下一站。

輪胎漂流讓萬榮的名氣比泰國哈林海灘的滿月派對還響亮。日日都有年輕背包客義無反顧地從高達十公尺的舞台往南宋河裡跳，撞到河床的石頭受傷甚至酒醉溺斃他們也不在乎。

「人生只活一次，對吧。」他們說。

二〇一二年英國衛報一篇〈寮國萬榮：世界上最不可能的派對小鎮〉（Vang Vieng, Laos: the world's most unlikely party town）震驚了全世界。那時，世人才知道單二〇一二年萬榮就有二十七名背包客身亡，一時之間萬榮的失控才全浮上了檯面。

為了拯救形象，寮國政府不得不開始管制酒吧與禁止在南宋河跳水。不過輪胎漂流並沒有被完全禁止，單純在南宋河漂流並不危險，危險的是爛醉與嗑藥之後還往水裡跳。最後，南宋河兩岸僅存五間酒吧繼續營業。

二〇一九年的第一天下午，我們跟兩個日本背包客去到南宋河的上游展開著名的輪胎漂流。輪胎漂流的規則很簡單，店家把你載到出發點，你自行漂回市區。沿途要不要停靠河岸的酒吧端看個人意願，重點是傍晚六點前要把輪胎歸還到店內。

我們在一個卵石灘與幾個背包客一同下水，但很快我們就各奔前程。乾季的南宋河，河水不深，我們躺在輪胎上，讓臀部與雙腳泡在溫暖的水裡。藍天白雲，青山綠水，南宋河緩緩把我們向前推進。不多久阿尼跟我就距離越來越遠，兩個日本背包客為了控制行進方向撿了樹枝當槳划。阿尼見我被漩渦往回推，遙遙示範如何用雙手划水脫困，但我的輪胎像生了根，老是在原地打轉。

一小時過後，阿尼與兩個日本背包客在一個酒吧上岸，我也想加入他們，可惜輪胎不聽話。見我抱著輪胎在滑溜的河床上搖搖晃晃，酒吧的人趕緊衝過來，在我被河水帶走前拉了我一把。

酒吧內，兩個日本背包客豪邁地各點了一杯五百毫升的調酒，阿尼跟我較含蓄僅兩人分了小一罐寮國啤酒。整個酒吧就我們四人，就連對岸的酒吧人也不多，完全不見過往的派對盛況。今日的南宋河裡獨木舟多過輪胎，團客多過背包客。獨木舟隊伍經過窩在輪胎上的背包客時，老愛用槳濺起水花把對方弄得像落湯雞後，才帶著勝利的哈哈大笑飛速離去。

重新回到水裡，阿尼以更快的速度往下游漂去，我的輪胎依舊像個頑固老人不願邁出航程。不久，不僅阿尼的背影消失在我眼裡，連兩個日本人也拋下了我。隨著午後的陽光逐漸減弱，寒意開始上身。我獨自在河面上緩緩移動，不時連幾個後來者都超越了我，讓我覺得倍感孤單。我們都沒料到竟得在水上漂流三個小時之久。失去陽光，在輪胎上瑟瑟發抖的我，忍不住思索提前上岸的可能。不過，我不但無法自己靠岸，也沒錢搭車，最重要的是阿尼還在前方等著。想到這些，我只好認命地繼續前進。

隨著天色變暗，恐慌開始蔓延，我想要盡快看到阿尼。就在陷入絕望之際，幾艘

輪胎漂流沿岸的酒吧

獨木舟經過又跑來戲弄我，把我全身弄濕好似我還不夠冷一樣。不過，就在他們即將溜走時，我突發奇想抓住了一艘獨木舟的船尾讓它拖著我前進。如此那般，總算在太陽下山之前抵達終點，阿尼看到我奮力揮手叫我靠岸。

上岸後，我發現阿尼也被凍得不成人形，兩人只好到酒吧喝薑茶暖身。隨著日落的接近，背包客陸續湧入酒吧的茅草涼亭。阿尼跟我也躺進涼亭內的吊床裡把自己包得像蟬寶寶。看著在夕陽下飄升的熱氣球與在河面上的零星輪胎，我意識到萬惡的派對小鎮萬榮已經一去不復返。

Chapter 12

四百五十公里的摩托車日記：他曲大環

12-1

他曲大環

二〇一九年的第二天，為了去寮國中部甘蒙省的首府他曲（Thakhek），我們先搭乘小巴去首都永珍（Vientiane）。抵達永珍後，為了轉車去大型巴士站，我們跟雙條車司機又上演了拉鋸戰。

他們認為我們出的價格低得不合理，我們認為他們獅子大開口。若時間充裕，論耐心沒有人贏得過阿尼。但若為了省錢而錯過去他曲的巴士，就得不償失了。

雙方僵持了一陣子，一個司機才讓我們跟其他兩名乘客併車，載我們一程。然而，為了多賺錢，司機沿途四處載客，遲遲不把我們送去客運站，讓焦躁隨著時間攀升。

「若錯過了巴士，我就不付錢。」阿尼口出威脅。

司機不發一言，繼續在陌生的街頭奔馳。到了巴士站，阿尼叫我留守後就狂奔去售票亭，確認巴士還在，他才回頭付錢。

在巴士站買了幾個法式三明治，我們就開始了前往他曲七小時的公路之旅。開往他曲的大巴時不時停下來載農作物與家禽，久而久之我們便放棄了對速度的期望，欣賞起路上的鄉村風光。當火紅的夕陽落到窗外的玉米田上時，巴士撿起了兩個一路從永珍搭便車而至的背包客。阿尼酸溜溜地說，別人搭便車都比我們快。

當黑夜上場時，他曲巴士站終於到了。下車後，我們跟幾個法國嬉皮與一對歐亞情侶同雙條車司機談判，讓他們載我們到五公里外的市中心。

人多勢眾，很快我們就得到了一台車，法國嬉皮大方地讓兩對歐亞情侶與他們兩個生病的朋友先上車，剩下的人等待第二台。到了鎮上，我跟阿尼前往他曲行旅（Thakhek Travel Lodge），另外一對歐亞情侶訂了湄公飯店（Mekong Hotel），身體不適的法國二人組在原地等朋友。

他曲行旅是走他曲大環（Thakhek Loop）的背包客聚集地。依網路上描述，那裡

從他曲瞭望湄公河對岸的泰國

房間便宜，也容易獲得他曲大環的相關資訊。實際看了房間之後，我認為它雖稱不上舒適但可以睡覺。而阿尼卻有所保留，他被那裡有床蟲的留言嚇到，不想我們三天二夜的摩托車之旅還沒開始就先吃了蟲蟲的敗仗。

如此，我們只好回到下車的地方去看另一間背包客棧。那是一間理想的青年旅館，可惜只剩下一個床位。

阿尼跟我接著去看另一間。那間旅館最便宜的房型格局詭異又令人不安，廁所在一個長長的奇怪走道盡頭，阿尼認為可以，我卻完全無法接受。達不成共識，回到街上再碰到其中一個法國嬉皮時，他已經決定要落腳他曲行旅。

阿尼告訴他，傳聞那裡有床蟲。他卻回在印度早已習慣了床蟲，沒什麼。若我們擔心床蟲，他可以幫我們檢查。於是，跟著他，我們再度回到他曲行旅，一起把床墊與床板都細細確認了一遍，沒有床蟲。但阿尼還是不肯住下。我們只好又回去那間有著奇怪格局的旅館。這次，換我認為不檢查怎麼知道沒有床蟲。結果，我們才翻起床單，就在床墊的角落看到黑黑的顆粒。我們告訴旅館老闆他的房間有床蟲。

「我開一間二樓的房間給你們檢查，若沒有床蟲我給你們跟剛剛那個房間一樣的價格。」老闆說。

「樓上的房間沒有床蟲，我們想住。」我們上樓檢查後到櫃檯說。

「要住可以，原價。」老闆一臉冷漠。

「你剛剛不是說，要給我們跟一樓的房間一樣的價錢？」阿尼說。

「這個房間現在就是這個價格，要不要隨便你們。」

我跟阿尼心情更差了，老闆分明記恨我們嫌他的第一個房間有床蟲，耍了我們。

搭了一整天的車，又背著行李在街上來來回回找落腳處，我又餓又累。認識阿尼以來，我自認對他耐心無限，但此刻再也受不了他猶豫不決的毛病了。

「現在怎麼辦？」我問，「再不找一個地方安頓下來，餐廳都要關門，晚餐也不用吃了。」

「我不知道。」

「他曲行旅，便宜划算，檢查了沒有床蝨你不要。剛剛那間，我們吃了悶虧，不可能去住。」我說，「現在只剩下十五塊美金一晚的湄公飯店了，要不要住？」

「我不知道。」

「我現在要去住湄公飯店，十五塊美金不是多少錢我可以自己出，要不要住隨便你。」

就那樣我們去到了外觀氣派的湄公飯店，進入房間後阿尼問我想不想檢查床蝨？我叫他要檢查自己來，反正我住定了，並且打算洗個澡後就去吃飯。阿尼強調他只是開玩笑。我怕繼續跟阿尼對話下去會忍不住把他趕出房間，只好快速走進浴室。

洗完澡出來後，阿尼過來抱著我道歉。我跟他說突然覺得癢癢的，會不會是床蝨？

阿尼聽聞緊張地跳開，發現被騙之後才笑了出來。

隔天早上，一打開房門我們就看到湄公河對岸的泰國。泰國尖尖的寺廟屋頂，讓我們湧起了想雇一艘小舟偷渡過去的念頭。寮國很美，但也一再打擊我們。泰國的安心自在讓人懷念。

在路邊攤吃了清湯河粉當早餐後，我們去到 Wang Wang 租車行。他曲大環的摩托車分檔車與半自動車兩種，前者比後者便宜了三分之一。阿尼沒騎過檔車，不敢用它載我在路況不明的路上騎三天二夜。為了安全，我們選擇多花一點錢租一台半自動機車。

離開市區前，我們到他曲傳統市場採買。在那裡阿尼發現了一種小籠包大小的迷你漢堡，一連吃了好幾個。買了一些香蕉、春捲與三明治，加滿了油，騎上十二號公路，我們以逆時針展開四百五十公里的他曲大環摩托車之旅。

寮國是一個喀斯特地形遍佈的國家，溶洞與精巧的山峰到處都是。他曲大環的頭五十公里以風景秀麗出名。寬闊平緩的柏油路兩旁，粽子般的墨綠山頭這裡一個，那裡一堆，不時還有低矮的茅草屋增添意境。浪跡天涯的豪氣與孤寂開始湧現。

騎行近一小時後，我們看到了香寮普洞（Xieng Liap Cave）的標誌並決定停車拜訪。香寮普洞在一座小森林之後，是一個非常原始的洞穴，裡面除了如撕咬出來的不規則石塊外，什麼也沒有。雨季的時候，得搭小船才能進入，我們碰到乾季，輕鬆就走到洞裡。

香寮普洞的入口像撕咬出來一樣

他曲大環上有許多溶洞，我們不打算逐一拜訪。一般來說四天三夜是完成他曲大環最好的選擇，但我們時間有限只能拼在三天二夜走完。從泰北開始，我們就一路探訪各種溶洞，到了他曲已經對此視覺疲勞。

香寮普洞過後，山頭不再單獨出現而是一氣呵成連成牆跟著公路延伸。下午近一點，我們抵達南飛河（Nam Phit）大橋，開始看到泡水森林的景象。那時候我們還不知道，世界最大的私營跨境電力項目，獲得世界銀行支持的南屯河二號水壩（Nam Theun 2）就在他曲大環之上。

南飛河是南屯河二號水壩下游運河的一條支流，是因水壩才生成的淹沒區。那些泡在水裡，僅剩枯枝，被沖得東倒西歪的樹幹帶給我們詭譎又唯美的感受。我們察覺到有些不對勁，但又不明所以。

當我們在水邊看得出神時，一對寮國夫婦突然從一旁的灌木叢裡鑽出來，走到水裡清洗身上的泥巴。身後，一個獨行的女背包客騎著檔車帥氣現身。為了拍出好照片，她把摩托車牽到水邊，瀟灑地坐在上面。我們邀請她一起午餐，但她表示拍完照就走。鄉下的公路本就空曠，獨行更顯孤傲。

12-2

喪禮與鴨仔蛋

從十二號公路進入1E公路不久，我們路過一片剛插上秧苗的稻田。嫩綠的水田與喀斯特山頭頗具越南風情。我們跑到田埂上拍照時，阿尼的安全帽掉到田裡，沾滿了爛泥。回到馬路上，我見另一邊有條水溝，就三兩下把他的安全帽洗淨。讓阿尼不禁甘拜下風。

遠遠地，我就看到收割後的稻田裡聚集了一群人，其中橘色袈裟尤為顯目。直覺告訴我，他們正在進行某種儀式，沒見過僧侶野外作法，我好奇心大起。

離開主道路，我們左轉進一條土路去到幾台汽機車旁。停好車，我們跨越水溝在田裡與一大群黃牛四眼相瞪，直到牠們重新若無其事地吃起草來，才趁機溜到那群人的後方，學最外圍的人蹲在田埂上。

前方，竹林之下搭了一個長方形層層向上遞減，裝飾

1 他朗簡陋的麵店與正在烹煮的鴨仔蛋
2 田中的喪禮

著橘色花紋的高臺。高臺的頂端是一佛龕，佛龕之上有一橘黃蓬蓋，蓬蓋的四角繫了白色沙帘。高臺前，席地坐著僧侶、白衣婦女與便服男子三群人。原來他們正在舉行喪禮，有蓬蓋的高臺即棺木，從下方堆疊的木頭判斷會是火葬。估計是出動了整村的人，越親的人離棺木越近。

現場一片肅靜，沒有哭聲也沒有招魂聲。不久，有人拿起汽油潑向高臺，接著他們點燃沖天炮，咻地一聲，熊熊大火從棺木竄起。人群開始退散，並從一旁的水桶裡舀水洗手。

是時候上路了，回到機車旁，阿尼堅持參加喪禮的人要洗手，用樹枝拂去晦氣。我只好拿出寶特瓶並就近從身旁的矮樹折了兩根樹枝，待輪流完成儀式後，才上車出發。

靠近那凱（Nakai），我們看到了更大範圍的南屯河二號水壩淹沒區。淹沒區像大小不同的湖串連，看不到盡頭。乾季露出水面的地方如小島，這裡一個，那裡一塊，死掉的樹幹如骨骸佇立水中。我們停車下到湖邊，靜靜看了一會。

下午四點，我們抵達第一晚過夜的村子他朗（Thalang）。在普西他朗民宿（Phosy Thalang Guesthouse）辦理好入住手續後，我們到村中閒晃。淹沒區旁的他朗村極小，低矮的鐵皮屋散佈馬路兩旁。我跟阿尼肚子餓，想找個當地餐館吃飯。經

田裡的黃牛群

過詢問，我們在一間比倉庫還簡陋的木屋內找到了熟悉的湯麵。

小麵攤由一婦人經營，亂糟糟黑烏烏的風格是典型的寮國廚房。側門一頭小黃牛好奇地探頭進來，一副也要進屋點餐的姿態。婦人的女兒見狀，趕緊把牠吆喝出去。正門，一隻白狗悠哉地趴在地上。

我們吃著簡單到不行的清湯麵時，婦

人忙著在一旁煮蛋。小爐子上的大鍋裡裝滿了白蛋。我不忍吃得那麼寒酸，就決定加菜。婦人見狀開心地端上兩顆蛋與一碟粉狀配料。撥開蛋殼一角，一看到裡面的東西我就把蛋丟回碗裡，說蛋裡面有小鴨。阿尼露出不可置信的表情，對婦人搖晃雙臂，做出雛鳥之姿。

婦人見狀，邊點頭邊笑。阿尼把整顆蛋撥開想看裡面長什麼樣子。婦人以為他要吃，笑得更加燦爛。阿尼發現胚胎底端的蛋白硬如石，就好奇地一口咬下去，我以為他要吃掉整隻鴨仔，嚇得奪門而出。

等我冷靜下來回到屋內，阿尼宣稱他也吃不下去。為什麼在美斯樂我們可以吃狗肉，卻吃不下眼前的鴨仔？我想定是鴨仔的幼小彰顯了我們的殘忍。美斯樂的狗肉，我們只見煮熟的褐色肉片，若見整隻狗端上桌，哪可能吃得下去。

到了他朗，我們才發現大部分的背包客都住在便宜的沙巴地民宿（Sabaidee Guesthouse），而普西他朗民宿的客人都較成熟，經濟也較為餘裕。晚上我們決定去沙巴地民宿吃晚餐，順便查看那裡的情形。

沙巴地民宿最著名的是一人五萬基普（約六美金）的烤肉吃到飽。五萬基普一餐對我們來說是天價，但阿尼喜歡湊熱鬧，說若烤肉的評價不錯可以奢侈一次。我們抵達沙巴地民宿時，大部分的背包客都聚集在中庭吃烤肉與喝酒。我們在室內點了兩道菜來吃後慶幸沒有衝動加入烤肉。那是我們在寮國吃過最失望的一餐。

回到普西他朗民宿，我們跟一對加拿大夫妻在營火前聊天。他們對普西他朗民宿的飯菜評價非常高，阿尼就宣佈隔天要在民宿吃早餐。

12-3

炸彈船與孔羅洞

無水的地方還有大片的枯樹林

第二天剛上路，阿尼就發現機車的一個輪胎氣不足。租車的時候，店員強調輪胎屬於消耗品，不在道路支援服務的範圍裡。掉頭回到民宿，老闆告訴我們有家修車行離他朗不遠。阿尼吩咐我在民宿等待之後，就消失在門口。我坐在民宿的院子裡，忍不住想是不是前一天多事闖入別人的喪禮帶來的後果。

一個小時後，阿尼回來，說是輪胎被一塊玻璃刺破了。我想不起來前一天經過的路上哪裡有玻璃。發生了這樣的事，阿尼卻莫名心情不錯，原來是修車行老闆請他吃了冰。

右邊的湖濃稠的水黃澄澄像生了鏽

重新出發，在他朗前方的淹沒區，我們發現僅一馬路之隔左右兩湖竟完全不同顏色。左邊的湖清透的水倒映森林後綠如翡翠，右邊的水黃澄澄像生了鏽。在晴朗得失真的天空下，無水的地方還有大片的枯樹林。雨季的時候，淹沒區想必汪洋如海。

南屯河二號水壩雖被稱作模範環境工程，但有媒體指出水壩的興建改變了南屯河的生態，劇烈地影響了附近農民的收入。水壩讓寮國政府有電力可販售給泰國，也為南屯河區域帶來了寬敞平順的柏油路，但它是否利大於弊，還有待商榷。

距離他朗約二十公里，我們在一個轉彎經過了一處佛像石窟。接著與一群水牛擦身而過後，我們抵達了一個學生剛下課的小鎮。阿尼好奇立在田中把寮國與蘇聯國旗並置的大型農工宣傳看板的意義。巴特寮掌控寮國之後，蘇聯曾援助寮國進行基礎建設。只不過一九七五年巴特寮才建立寮國人民民主共和國，大型看板上的一九四九到二〇一九，不知道代表什麼事件的七〇週年紀念日。

1E公路在叻曳（Laksao）接起八號公路，山脈從那裡起如萬里長城盤據。中文的「山」一字，由三座山立於地平面的象形文字演變而成，有山峰山谷，但叻曳的

1 八號公路的山脈如萬里長城盤據。
2 把寮國與蘇聯國旗並置的大型農工宣傳看板

1 從他巴大橋上看南屯河的炸彈船
2 孔羅村的菸草田

山整片近乎齊高，如屏風延展好幾公里。

經過龍洞（Dragon Cave），阿尼自行去參觀，我選擇在入口的咖啡店休息。有數尊佛像並裝了人工燈光的龍洞也是越戰時寮國人的避難地點之一。

回到路上，兩個年輕的僧侶共騎一輛自行車笑盈盈地經過我們。我記得泰國的僧侶不能自行駕車，因而目不轉睛地看著他們。距離龍洞十八公里處，我們右轉進一條泥路，直驅銅牆鐵壁般的山體，目標是四．五公里外的冷泉（Cool Pool/Spring）。抵達時，已是下午四點，距離我們當晚的目標孔羅村（Kong Lor Village），還有超過六十公里。

阿尼跟我商量好，快速泡一下冷泉就離開，抓緊時間減少摸黑騎車的路程。在冷泉的入口，我們跟兩個沿路攀岩的法國背包客剛停好車，收費員就上前收取一萬基普的門票。

見他們乾脆地掏錢，我不加思索也付了兩人的費用。阿尼見狀把我拉到一旁，告誡下次沒他同意之前，不可先付。

「但其他兩個人都付了，我們能不付嗎？」

「他們是他們，現在都快傍晚了，若我們先議價也許就少付一點錢或免費了。」

「我們不是趕時間，哪裡還有時間討價還價？」

過往阿尼喜歡凡事據理力爭我都沒意見，但這次有其他人在，我們談判成功的機率低得可憐。比起那二萬基普，時間對我們來說不是更可貴？

躲在石頭後面換上泳裝，我們下冷泉暢快地玩了二十分鐘。被綠樹環繞的冷泉如小型天然泳池，水質乾淨透涼。若沒有被破胎耽擱，我們肯定樂意待更久，可惜不得不抓緊時間上路。

傍晚五點我們抵達了阿尼心心念念的炸彈船小鎮，他巴（Thabak）。從他巴大橋上往翠綠的南屯河望下去，只見四五艘炸彈船像大型的銀色獨木舟停靠河邊。阿尼提議在橋上看看就好，我說明明是他一直想看炸彈船，現在人都到了，只遠遠一瞥又有什麼意思。

阿尼感受到我在冷泉積累的怒氣未消，表示想在橋上待一會兒。我不理他自行跑到橋前的村莊，找路下河岸。炸彈船，是寮國淒慘歷史的證據。身為世界上被轟炸得最慘烈的國家，寮國人被逼到只能把炸彈變成交通工具的地步。換個角度，也可以說寮國人絕地求生。

近看炸彈船，使我雀躍。從河邊往橋上的阿尼看，我頓覺兩人的距離好遠，想想也沒什麼好鬥氣的，就揮手讓他下來。

我看著阿尼走向村中，卻遲遲不見他出現。怕他找不到路，我決定回去找他，但沿途都沒有他的身影，到了橋上也沒瞧見他。頓時，一陣恐慌朝襲來，好在走到了橋頭，發現我們的機車還好好地停在原地。當我再次回到橋上張望時，阿尼總算現身河邊。意識到彼此恰巧對換了位置，我會心一笑，便再次朝他揮手。

漆黑之中，我們抵達通往孔羅村的那辛（Na Hin）路口。網路上都不推薦摸黑騎那段容易出意外的四十公里土路。我們沒得選擇，只好硬著頭皮出發。孔羅村是他曲大環上熱門的住宿地點，晚到有無房可住的風險。因此，接近孔羅村時只要一看到旅館，我讓阿尼停車去詢價。但阿尼一心想住離孔羅洞（Kong Lor Cave）更近的地方，使得我們之間的氣氛又緊繃了起來。更壞的是，我們就要沒油了。

不久，我們被村民在田裡抓蟋蟀的燈光所吸引。見我們靠近，幾個小孩大方地展現他們的成果給我們看。從農巧到孔羅村，我發現抓昆蟲是寮國農民重要的經濟活動之一。在琅勃拉邦的時候，我還不懂為什麼寮國的路邊燒烤大多販售內臟與雞皮。到了孔羅村我總算懂了，一個人民還得靠抓糞金龜與蟋蟀維生的國家，吃雞腿太奢侈了。

進入孔羅村，我們看到一群背包客在一家民宿的院子前喝酒，就加入了他們。新朋友舒緩了我跟阿尼的尷尬。他們邀我們一起到田中賞月，我們以還沒吃飯婉拒了。但待點的炒麵送上來，阿尼發現那是用泡麵炒麵後，臉都綠了。對於吃，阿尼有一套自己的標準，泡麵恰巧不在他的美食名單裡。看著他哀怨的臉，我發現自己心情突然變好了。

1 在田裡抓蟋蟀的孔羅村民
2 孔羅洞碼頭

隔天早上，我們成為第一組進入孔羅洞的人。孔羅洞的入口是一個緊貼陡峭山壁的湖，像山怪的嘴。我們穿上救生衣戴上頭燈跟著船夫去到地下碼頭，在暗如幽冥的地底河中，乘著小型電動船展開穿山之旅。

在泰北的譚羅洞，我們曾搭乘竹筏穿梭溶洞，但孔羅洞的地下河長達七公里，無法靠人力往來。行進了一公里左右，我們上岸參觀鐘乳石與石筍。阿尼跟我看過不少溶洞，但孔羅洞還是成功抓住了我們的目光。

回到船上，繼續前進我們經過了地下沙灘與激流。一想到正乘船穿越山腹，我雞皮疙瘩都起來了。孔羅洞內的暗河是一條寬敞得超乎想像的河，水面與洞頂的落差可達四十公尺。行船的時候，阿尼跟我用頭燈各自掃射一邊，大多時候我們都說不出話來，兩岸不再是造型奇特的鐘乳石與石筍，而是單純的山，山的心臟。面對時間與地殼運動的巨大創造，我們因自己的渺小而靜默。

航行近一個小時後，在一處淺灘我們被要求下水協助推船。再回到船上不久，只見前方的水面銀光閃閃，岸邊的岩石清晰可見，出口到了。很快我們便再次看到森林，回到太陽之下。小船在林木圍繞的河道中行駛，一座灰冷的魔山斷然擋在眼前。船夫在那灘（Natane）村讓我們休息二十分鐘才折返。

回程船開到一半，馬達聲突然沈寂了下來。只見船夫嘗試發動馬達數次無效，才

出了孔羅洞，一座魔山斷然擋在眼前

認命地拿起單薄的木槳划船。孔羅洞的河道有七公里，只靠著一根木槳，何時才能出山？一陣子過後，終於有其他的船經過，我們的船夫急忙跟路過的船打手勢，然而接連兩艘船都無法提供協助。到了第三艘，對方遞過來一瓶汽油，我們才意識到不是馬達壞了，而是沒油。

一個小時後，我們走出孔羅洞。阿尼心情大好，就跑到入口的湖裡游泳。他上岸後，我拿巾給他擦身體。突然，我覺得不妙，一步步往後退。

石林觀景台

「你是不是放屁了？」我說，「很臭！」

「所以，我不再是王子了嗎？」阿尼一臉無辜地問。

中午，我們踏上返回他曲超過一百八十公里的路程。一天要騎一百八十公里讓我跟阿尼備感壓力。我們非常喜歡孔羅村，由於前一晚摸黑抵達，離開的路上我們才意識到它有多美，和糟到不可思議的路況。阿尼恨透了趕路，但他跟朋友約好了要在柬埔寨相見，在他曲大環上多耽擱一日，後面就少一天。

直到再度踏上八號公路，阿尼才斷絕了在孔羅村多留一晚的念頭。孔羅村過後的八號公路是個惡夢，除了彎曲陡峭，路上滿是砂石塵土之外，我們還得與大卡車爭道。好在接上十三號公路前，浩瀚的石林觀景台紓解了我們的鬱悶。

路況在進入十三號公路後改善了許多，相對地平順筆直的公路也乏味無趣。阿尼騎得沒勁越感歸途迢迢。夕陽在天空中揮灑出粉橘色的雲彩時，我們還在路上奔馳。入夜後總算回到了城裡，還了機車。

我們跟機車行訂了夜巴去巴色（Pakse），從永珍開來的夜巴要午夜過後才會經過他曲。我們把他曲大環留下的厚重塵土洗淨，才出門欣賞他曲的法式殖民建築。逛完了湄公河畔的夜市，我們坐在河階思念對岸的泰國。

回到 Wang Wang 租車行，我們整理背包時阿尼的健忘症又發作，找不到他的護照。他堅持有把護照交給我保管，我反駁沒有。兩人只好在大廳把所有的東西都翻出來。他怪我沒有保管好他的證件，我強調從頭到尾都沒有拿過他的東西。經過一陣混亂尋找，他總算在自己的背包裡找到了護照。他向我道歉，我卻怒氣難消。

在一股沈悶的氣氛中，我們在租車行簡陋的大廳苦等夜巴。阿尼躺在地上煩躁得想靠酒精來舒緩情緒，就問要不要來一瓶啤酒，我拒絕了。凌晨一點，夜巴終於來了，租車行派人把我們載到公路旁。這次我們睡在車尾，位子寬敞。阿尼上車後不出幾分鐘就睡死，沒有暈車藥可吃的我則徹夜難眠。

Chapter 13

四千美島：划獨木舟橫越湄公河

13-1

東德島與東闊島

早上七點，阿尼跟我在巴色公車站旁的麵店吃了美味的法式三明治後，我們就轉乘小巴前往寮國最南部的四千美島。

旅行的最後一站，我們又來到了湄公河。這條維繫著寮國的生命之河，串起了我們的旅程。寮國的最後幾天，我們將在湄公河上的小島度過。

小巴上，我們身後坐了兩個中國人，他們沿途聊著越南老婆如何乖巧聽話。跟尼泊爾一樣，中國建設的標語也遍佈寮國。這兩個比鄰中國的國家，已被中國深入骨髓。在博卡拉，一個任職於中國政府的人驕傲地告訴我，中國人入境尼泊爾不但不用簽證，還有快速通關。

東德島的夕陽與日出

「中國人從來沒有被如此禮遇過。」他說。

我們在一個規劃完整的休息站下車上廁所，才踏出車外，麥可穿著白色 Polo 衫的身影就印入眼簾。自孟諾分離後，我們的聯繫並不勤勞，能同一天抵達四千美島彼此是驚多於喜。

麥可要去四千美島的東闊島（Don Khon），我們則要去東德島（Don Det）。兩島由一座法國殖民時期蓋的石拱橋相連，前者適合預算寬裕的度假人士，後者是銖錙必較的背包客天堂。上車前麥可叮嚀我們到了島上要約碰面。我有預感不管如何，都絕對會再相遇。

在那卡宋（Nakasong）碼頭，我們認識了一對在路上旅行超過半年的情侶，他們隨遇而安的態度讓我們望塵莫及。在通往東德島的小船上，他們提醒若要嘗試 Happy Shake 兩人一份恰恰好。

四千美島是寮國最動人的一頁

從進入寮國起，我們就被它過於涼爽的氣候所困擾。四千美島的溫暖讓度假感回歸。湄公河在四千美島廣柔如海，河上沙洲似的大小諸島更加深了那錯覺。就連藍天白雲也變得更輕更透，椰子樹下，水邊點綴著低矮的吊腳樓。

在他曲大環上，一女名背包客曾推薦我們住在法國拱橋附近以避開碼頭的吵鬧。法國拱橋與碼頭佔據東德島的兩端，有四十分鐘的路程。若是平時，背著行李走幾十分鐘到也沒什麼，問題是我經痛難耐。

然而，在勞苦與舒適之間，我們又選擇了前者。烈日下，兩人在東德島咫尺寬的泥徑上如螻蟻前進。中途兩人一度想放棄走到法國拱橋，隨便找個符合預算的小屋待下，但又不肯妥協最後的寮國時光。

三・五公里的路比預期的漫長，阿尼擔心走到拱橋才發現那裡的住宿不理想，白走一趟，就讓我在路邊顧行李，獨自去考察。我坐在樹下對抗腹痛等待時，一漁夫從我眼前走下碼頭，坐上小舟。他先戴蛙鏡潛下水查看，再回上船撒網，重複幾次沒捕到魚，才往下游去。

阿尼找到了一間叫河岸花園的民宿（River Garden Guesthouse）。但他做決定障礙的毛病又發作，在先前看過的民宿與後來的這一間中難以抉擇。我從他的語氣中明顯感受到他偏愛河岸花園民宿，他卻還堅稱女孩子比較在意住宿環境讓我選。

「要不換妳去看，我在這裡等？」

「我肚子痛得要死，你還叫我去看！」

「我住哪都可以。」他說，「妳決定。」

「就住河岸花園。」我說，「能躺下的都好。」

一去到河岸花園民宿，我就知道那裡比我們先前看過的民宿要好。體虛的我沖個澡後便昏睡了過去。

傍晚，我醒來時阿尼還躺在陽台的吊床上。當湄公河開始染上一層粉色時，我們前往島的另一邊去看夕陽。以為那裡更靠近日落。穿過一個小村莊與一座木橋後，再次來到河邊，才發現那裡的河面長了大片的矮樹叢，而夕陽還遠在樹叢之後。

重新回到法國拱橋，我們發現柬埔寨的青山就佇立在湄公河的盡頭。斜陽用盡最後一絲力氣，朝天際噴出一道柔和的金光後，河面與兩旁的樹林都染上了墨色。

晚上我們在民宿緊鄰河岸的餐廳吃飯時，我開玩笑地說興許麥可正在對面的東闊島偷看我們。隔天中午，騎車遊東闊島，恰巧在民宿的相對位置碰到他時，心臟差點沒跳出來。我們上輩子到底結了什麼緣！

騎車遊東闊島

1 闊帕水瀑布的吊橋
2 東闊島的水牛

乾季的湄公河，水質清清，島上的闊葉林與椰子樹蓊蓊鬱鬱，大小水牛都到河裡避暑，吊腳樓若隱若現於水邊，讓四千美島成為寮國最動人的一頁。

麥可正在一個不起眼的小吃攤吃午餐。他強調那裡的餐點便宜美味，就是上菜的時間久了點。我想起了孟諾的餐廳，而果然東闊島的攤位也由一女人獨自掌廚。麥可邀請我們一起用餐，我們剛吃過飯只好拒絕他。

告別麥可，我們以逆時鐘騎行在東闊島乾枯的稻田、水牛群與椰子樹之間。相較於東德島，東闊島更大、房子也更多，不過終究都是兩個極為原始的島嶼。若說有寮國風情這種東西，那麼肯定就在這裡。

我們的目標是闊帕水瀑布（Khone Pa Soi Waterfall）。要抵達瀑布得先過一條搖搖晃晃的木吊橋，吊橋之下湄公河的一股支流激起厚厚的白色泡沫。到了河邊發現瀑布還在更上游，兩人只好沿著水岸攀爬岩壁抵達。

湄公河的瀑布不以白髮三千丈得名，而是以寬廣的多層次著稱。闊帕水瀑布蔓延在奶黃色巨岩之間，白色的水流溫潤如絲，兼具野性與寂靜。回到岸上，我們接著去附近的崁巴絲瀑布。但我們在樹林裡繞到火氣都上來了，它才姍姍現身於竹林之後。

回到吊橋，我們在橋頭的餐廳歇腳喝果汁，欣賞河谷風景。阿尼不知哪來的衝動，說要下河游泳。他翻越涼亭的圍欄，在陡峭的岩壁間手腳並用。好不容易下到水邊，才發現看似清澈的河水實則長滿了厚厚的青苔，只好敗興而歸。

離開東闊島前，我們參訪了島上古老的闊踏寺（Wat Khon Tai）。闊踏寺的入口立著新舊夾雜的骨灰塔，穿過黃紅兩色的華麗大門，是一片種滿了椰子樹的美麗草坪。橘紅的主殿新穎精緻，但吸引我們目光的是主殿後方的老佛塔。不知道什麼原因，讓兩島的居民忽略了對佛塔的照顧，使得塔身長滿雜草。

古老的佛塔前，一顆長滿了樹瘤的巨大雞蛋花彷彿與塔同歲月，枝幹高過廟頂。我從地上撿了一朵雞蛋花插到阿尼耳後，見

闊帕水瀑布

他配合戴著，心情大好。在廟裡流連了一會，我們就從法國拱橋回到東德島。

東德島分日出與日落兩邊，法國拱橋與河岸花園民宿都在日出向，於是我們決定到日落向看一次夕陽。在碼頭附近的一間高級旅館的泳池旁，我們喝著果汁，看湄公河的日落像一顆濃縮的光球降落，電動船呼呼地來回有畫龍點睛的效果，阿尼跟我心滿意足。

入夜後，我們在兩家旅行社之間來回，比較哪一家的獨木舟行程最好。綠色天堂（Green Paradise）是評價最好的旅行社，但他們的行程略顯平庸。莫先生（Mr. Mo）旅行社評價兩極，可他們的行程更

刺激。

最後我們被莫先生旅行社的嚮導給說服，待過澳洲的他英文極好，有多年的帶團經驗與一個在澳洲的台灣女友。他讓我錄一段中文語音向他的女友問好，沒想到超過三個月沒講中文，一時之間我竟連母語都不輪轉了起來。

我們期待泛舟已久，雖然孟諾與萬榮也有划獨木舟的機會，但只有在四千美島才能把泛舟、看淡水海豚與拜訪東南亞最大的瀑布三件事一起完成。搞定了隔天的行程，我們回到法國拱橋旁的

四千美島的日落

Tawan Daeng 餐廳吃飯。那裡的南瓜漢堡讓我們一試成主顧。

13-2

獨木舟、淡水海豚與孔恩瀑布

孔恩瀑布一景

隔天早上九點在莫先生民宿用餐時，旅行社的人發了防水袋讓我們裝貴重物品，早餐過後我到隔壁的服飾店幫阿尼買了一頂棒球帽來遮陽。阿尼有划獨木舟的經驗，我沒有，相較於另一組零經驗的兩位女孩，我們的組合還不算太差。

嚮導做了簡單的說明後，穿上救生衣我們就出發了。阿尼在後負責控制方向與發號施令，我在前輔助前進。我們的團隊共七艘獨木舟，由嚮導帶隊在前，副領隊壓後。

我這輩子做過幾次罔顧性命的水上活動都與男人有關。在澳洲的時候，還在學打水的我，一時人來瘋跟著當時的男友跳進了深不可測的湖裡，結果停下來踩不到底就沒頂了。二〇一六年在蘭嶼，還不會游泳的我沒穿救生衣就跟著男友繞島浮潛，一度被海浪嚇得全身發抖。當我在湄公河上跟阿尼興奮地划著獨木舟前進時，我又忘了先思考翻船後要如何在激流中求生。

東德島附近的湄公河水流平穩，我們還有心情拍照，練習划槳的默契。但進入了湍急的支流後，我們就被水推著前進。嚮導轉頭叮嚀不要脫隊，並吩咐在坡度明顯與險惡的地方，要跟著他的路線前進，水下多暗石。

阿尼強調不翻船的秘訣就是水勢越澎湃越要死命划槳。我們才經過幾個險處，一組隊友翻船掉到水裡並以驚人的速度回到船上。阿尼跟我一度撞到石頭卡在河中動彈不得，也曾被推到岸邊撞上樹枝，但總算沒翻船順利抵達第一個休息站。

當嚮導與副領隊忙著檢查獨木舟是否有被撞破時，我們還在議論翻舟事件，餘悸猶存。在樹林裡休息時，我們結識了法西混血的伯納，他跟身材精瘦的薇諾尼卡組隊。我們本以為他們是情侶，結果兩人僅是好朋友。

重新回到河裡，我們碰到了更多險灘。阿尼直說這才像樣嘛，我卻戰戰兢兢，深怕落入水中。為了如何操作，我們不時鬥嘴，阿尼嫌我不夠賣力，我堅持是我強壯的雙臂讓我們前進。湄公河划獨木舟比我們預期的更刺激，兩個小時後，我們在一處有大片沙灘的河岸下船。第一階段的行程結束，所有男性都加入了抬獨木舟上車的行列。

嚮導在沙灘上升火烤肉，準備我們的午餐。大家對獨木舟冒險都非常滿意，結果竟是兩個沒經驗的女孩身手最矯健。我們圍成一圈坐在沙灘上，邊聊天邊吃著美味的烤肉與清涼的水果。

吃過午餐，我們搭車前往柬埔寨交界看伊洛瓦底江豚（Irrawaddy Dolphin），也就是短吻海豚。湄公河上的短吻海豚只剩不到一百隻。換上一艘由兩艘木舟合併的觀光木筏，我們到牠們固定出沒的地點等待。

沒多久海豚光滑的灰色背影就在水面忽隱忽現。大家都想用相機捕捉牠們，但海豚靈巧得像精靈，只留下了灰色的弧線。坐在船上，柬埔寨就在我們的右手邊，阿尼感嘆若能跨河入境多好。

四十分鐘之後，我們依依不捨地告別了海豚，搭車前往世界最寬的孔恩瀑布（Khone Phapheng Falls）。身為東南亞第一大瀑布，孔恩瀑布展現了湄公河的氣勢與力量。滾滾的白色水流以劈天之勢迎面而來，看得我跟阿尼一動也不動。阿根廷的伊瓜蘇瀑布（Iguazu Falls）讓阿尼留下了男兒淚，我怕他也被孔恩瀑布感動得亂七八糟，就提議買冰來吃。

吃完甜筒後，我們下到水岸，瀑布廣柔的泡沫與天際的雲朵上下呼應，面對此種偉大的自然創造，我們有默契互不干擾。假如我已經胸口發熱，那麼阿尼的內心想必已如火山爆發。

半個多小時後，嚮導呼籲大家上車，啟程折返。但阿尼像沒聽到一樣，繼續沈浸在瀑布的寬廣裡。眼看同車之人都不見了，我決定自己先走，以確保隊友不會拋下我們，美景當前，我確信阿尼定是會最後離開的那個。

傍晚五點，抵達那卡宋碼頭，嚮導把獨木舟放下水，叫我們邊划獨木舟邊看夕陽回東德島。重新拿起槳，手臂的痠痛才跳出，阿尼跟我都不想動，但湄公河的水流不讓我們偷懶。

回到東德島，從莫先生旅行社旁的碼頭搭船回民宿時，同船的一對歐美中年夫妻說記得我們，可我想不起來在哪裡看過他們。

「在萬榮軍營旅館吃早餐時看過你們。」太太說，「你們令人過目難忘。」

我就知道以為跟阿尼走在一起很平常只是個錯覺。

13-3

分離

第四天起床後，阿尼告訴我他以最後一天想跟我獨處為由，絕了麥可的邀約。

「你拿我當藉口？」

「是妳叫我拒絕他的。」

「但這樣我就當壞人啦。」

「放心，他懂的。」

下午我們去東闊島的莉飛瀑布（Li Phi falls）。雨季的莉飛瀑布想必也是萬水奔騰，氣勢滂礴。不過，對於剛看完孔恩瀑布的我們來說，那裡就是一個打發時間的地方而已。

離開瀑布，我們下到莉飛沙灘。寮國是內陸國沒有海，但湄公河創造了四千美島，補足了這個缺憾，讓旅人在寮國南部能夠享受到海島似的生活。莉飛沙灘是湄公河上一個秘境小沙灘，我們抵達時幾個背包客已經在那裡曬太陽玩水。伯納也那裡，他告訴我們隔天就要回泰國，我說也許可以同行。

莉飛瀑布

莉飛沙灘前的河水很深，走出外面幾步就碰不到底了。我不敢冒險，在近岸泡泡水就躺著曬太陽，阿尼跟伯納在水裡納涼了一陣子才上岸。四千美島最後一天的慵懶正是我們所期望的，自從跟阿尼一起旅行，由於他有時間壓力，我們幾乎每天都行程滿檔，無所事事的日子不多。但旅行有時候也需要喘口氣。

下午五點，離開沙灘後我們到麥可推薦的小吃攤吃飯。我們點完菜坐下後，老闆娘才派兒子到隔壁的雜貨店買食材。等了二十分鐘，眼看離上菜還有很久，我就跟一個沿路叫賣的摩托車攤販買了冰淇淋。讓我意外的是寮國人不僅拿法式長棍來做三明治，也用來包冰淇淋。

冰淇淋三明治

我們吃著冰淇淋三明治時，一個坐在我們斜前方的澳洲中年男子大聲喝斥老闆娘，抱怨他的飲料遲遲未上桌。在這悠緩如詩的小島上，我們不懂他有什麼好急的。

夜晚我們又到 Tawan Daeng 打混，東德島的最後一晚我們決定來一杯 Happy Shake。我們期待的是一杯大麻果汁，得到的卻是一杯迷幻蘑菇果汁，兩人只好將就喝著沒帶來快樂的 Happy Shake。

東德島的最後一晚，阿尼被去暹粒（Siem Reap）的交通搞得心煩意亂。經過整晚的掙扎，他才決定搭船到那卡宋碼頭後，搭便車到柬埔寨邊界。與阿尼相比，我回曼谷的路更遙遠，卻能一臉幸災樂禍地躺在軟墊上看他掙扎。追根到底，就是我乾脆地跟旅行社訂了一張回泰國的車票，讓別人一手包我的一趟船、兩趟巴士與一趟夜巴。阿尼則為了省下幾塊錢跟一點時間而絞盡腦汁。

我們跟餐廳的老闆娘告別時，她拿出了兩條編織手鍊幫我們各自繫上，祝我們一路平安。我跟阿尼受寵若驚，自踏入寮國起，我們總嫌寮國什麼都好，就是寮國人有待商榷。少數惡意的寮國人也著實激起了我們的惡，我們既不喜歡寮國人的惡，也不喜歡自己的惡。

若了解寮國痛苦的過往，我們沒有資格批評少數寮國人的那一點貪婪與惡意，為了生存他們付出了難以想像的努力。但終究大多時候我們就只是兩個普通的背包客，一心期望到哪裡都能得到溫柔的對待。可對有些國家的人來說，如寮國，溫柔太奢侈。而儘管如此，路上還是有許多寮國人給我們愛。我之所以老是寫寮國人不好的那一面，極少著墨他們的善，我想是這樣的，人對惡的記憶總比對善來得更鮮明深刻。

隔天早上六點多，阿尼獨自前往東闊島，到民宿對面的碼頭搭船。民宿老闆說若要那麼早離開只能搭送貨船。送貨船要四處收集貨物，無法直達那卡宋碼頭。我把陽台上的椅子搬到河邊，看著對岸的阿尼在剛掛上粉色的天空下踏上送貨小舟，揮手離去。

與上一次在清邁的離別相比，我感到更難過卻沒有落淚。在旅途上我告別過許多人，經驗讓人學會接受與放下。遇到阿尼之前我對感情異常執著，要放下一段感情時總哭得死去活來。

但在阿尼身上，自始自終我都只感受到平靜，第一次在清邁分離後，我們再見的機率就不高。雖終究是再見面了，但這次再分離之後更難以預料，我得回台灣，他得繼續旅行。

在東德島住了幾天，我因為送別阿尼才發現四千美島最美的不是夕陽而是日出。輕柔的雲彩由粉變橘變黃，像薄紗飄蕩天際倒映水面，由林木相間。曙光的美舒緩了我的傷感，當太陽升起時我決定回房間繼續睡覺。但才剛躺下，民宿的老闆就來敲門。

「小姐，你男朋友不知道為什麼又跑了回來。」

我一聽大驚，飛快跑到河邊，看到原本早已往上游去的阿尼，竟搭著船從下游回到碼頭。我不敢置信地看著他踏上岸。回頭我牽了腳踏車就往東闊島騎去。

「發生什麼事？」我到了東閤島只見阿尼一個人坐在碼頭上。

「船夫把我載來載去，我不想浪費時間就要求下船。」阿尼說。

「那是一艘載貨船，他多繞一點路集貨還是會到那卡宋碼頭。」我說，「錯過這一艘，要等到十點才有船。你若想今天順利抵達暹粒就沒得選擇，一定要坐這艘船。」

「現在怎麼辦？」阿尼說，「他都開走了。」

「找人幫忙，把他叫回來！」

接著經過一陣忙亂，我們總算找到了一個人聯絡上船夫，好在對方也還沒走遠這才折了回來。我又告別阿尼一次，再度目送他走遠。我討厭當那個被留下的人，一小時經歷了兩次已是極限。

回程在法國拱橋上見到許多人拿著籃子往闊踏寺，我就跟了過去。原來前幾天闊踏寺的高僧過世，喪禮結束之後大家都準備了豐盛的食物到廟裡祭拜。雖說是喪禮，但現場充斥著辦桌氛圍，除了家家戶戶都準備數道料理之外，還有數個烹煮的攤位與一疊疊紅色的塑膠椅，熱鬧得像一個晨間的美食朝市。

闊踏寺前方，一張鋪了桌巾的大長桌上擺了十幾個僧侶化緣的大缽。祭拜過後，只見大家輪流把糯米飯、餅乾、飲料與鈔票塞滿每個缽。兩旁更大的桌子上羅列著裝了六七道菜的傳統竹製茶几。著傳統服飾盛裝的村民不斷湧入，我這唯一的外來者也受到熱烈招待，有人給了我一袋食物讓我參與佈施，結束後，他們還輪流與我拍照。

柔和的光線與寧靜的氣氛，讓闊踏寺椰林下的盛會美得如一幅十七世紀的風景畫。這個我夢寐以求的場景化解了阿尼留下的惆悵。旅行最吸引人的莫過於意外兩字，未知的下一刻，激勵著我們繼續上路。

就像前一天為了與阿尼獨處而推掉麥可的邀約時，我又怎能料到隔天兩人還得一同搭船離開，甚至就連到了曼谷也都還會再相遇一樣。

闊踏寺椰林下的盛會美得如一幅十七世紀的風景畫

國家圖書館出版品預行編目 (CIP) 資料

湄公河上的兩人旅行練習 / 吳文捷著 . -- 初版 . --
臺北市 : 沐風文化出版股份有限公司 , 2022.02
面； 公分 . -- (輕旅行 ; 10)
ISBN 978-626-95721-0-6(平裝)
1.CST: 遊記 2.CST: 旅遊文學 3.CST: 中南半島

738.09 111000832

輕旅行 010

湄公河上的兩人旅行練習

作　　者　吳文捷
責任編輯　黃品瑜
封面設計　職日設計
內文排版　ivy_design
封面題字　Faye Gao

營 運 長　許天祥
發 行 人　顧忠華
營 運 長　許天祥
出　　版　開學文化事業股份有限公司
地　　址　100 臺北市中正區泉州街 9 號 3 樓
電　　話　(02) 2301-6364
傳　　真　(02) 2301-9641
讀者信箱　mufonebook@gmail.com
沐風文化粉線頁　https://www.facebook.com/mufonebooks

總 經 銷　紅螞蟻圖書有限公司
地　　址　114 台北市內湖區舊宗路 2 段 121 巷 19 號
電　　話　(02) 2795-3656
傳　　真　(02) 2795-4100
服務信箱　red0511@ms51.hinet.net

排版印製　龍虎電腦排版股份有限公司
初版一刷　2022 年 2 月
定　　價　370 元
書　　號　MT010
I S B N　978-626-95721-0-6(平裝)

Printed in Taiwan
◎本著作物係著作人授權發行，若有重製、仿製或對內容之其他侵害，本公司將依法追究，絕不寬貸！
◎書籍若有倒裝、缺頁、破損，請逕寄回本公司更換。